高齢社会の
医療・福祉経営

非営利事業の可能性

野村秀和編

桜井書店

刊行のことば

本書の主題は、高齢時代を迎えたわが国の医療・福祉経営が直面している課題を明らかにすることにある。

研究と調査は、日本福祉大学付置の福祉社会開発研究所のプロジェクト研究として実施してきた。なお、この研究は、教員と社会人院生によって構成される「非営利組織会計研究会」の共同研究として進められてきたものである。主として、日本福祉大学大学院、情報・経営開発研究科「医療・福祉・非営利のマネジメント」専攻に属する教員と院生による研究会であるが、他大学の教員や他研究科の院生も参加している。

経営数値による現状把握を研究の特徴としているために、会計の研究者を主力とした研究会ではあるが、メンバーは、会計研究者に限定しているわけではない。医療・福祉経営や協同組合福祉の事業などに関心を寄せる研究者の参加によって、幅広い視野や方法による研究・調査を続けてきたのである。

すでに、二〇〇一年二月の時点で、一定の経験と蓄積をもつ三名の社会人院生と二名の教員による共同研究として、野村秀和編著『生協への提言』（桜井書店）を刊行している。本書は、それに続く第二弾として、三名の社会人院生と五名の教員による研究成果である。

よく知られているように、「保健・医療・福祉複合体」の実証的研究は、本学の二木立教授（社会福祉学部長）によって進められている。臨床ケアの面からの研究の二木教授と経営マネジメントの面からの研究の野村は、複合体の共同研究を進めるなかで、二〇〇〇年一月には、複合体の日米比較研究のために、アメリカのカリフォルニアの二つの病院グループの訪問調査を実施している。この調査には、本書の執筆者である足立浩教授と社会福祉学部の近藤克則教授も参加された。

このような研究・調査の積み重ねのなかで、医療・福祉経営のマネジメントを研究の対象とする「非営利組織会計研究会」を誕生させることができたのである。本書は、その研究会メンバーによってまとめられたものなのである。

数年間の歳月をかけて、医療・福祉の現場を訪問・調査し、会計データを含む経営資料の提供やヒアリングに快く応じていただいた全国のみなさまに対し、心からの感謝の意を表したい。

また、この時期、日本福祉大学の「福祉社会開発の政策科学形成へのアジア拠点」と題する研究教育プロジェクトが、文部科学省の二〇〇三年度「二一世紀ＣＯＥプログラム」に採択されることになった。

本学のＣＯＥプロジェクトは、五分野の研究領域によって推進されているが、本書の執筆グループは、社会人院生を含めて、第五分野「保健・医療・福祉の統合システム」の研究に参加しており、本書は、ＣＯＥプログラムの研究成果の一部を構成している。

今日、社会保障をめぐる制度見直しが相次ぐなか、国や自治体の財政力が急速に低下していることに影響され、医療・福祉の給付面での後退と保険料負担の増加が矢継ぎ早に打ち出されてきている。

このような事態のなかで、医療機関や福祉施設にとって、経営の課題がこれほど重要な位置を占めるようになったのは、まさに最近のことである。真面目に仕事をしていたら、「お金」はついてくるといった昔風の考え方は、もはや通用しないという厳しい時代に変わってしまったといってよいだろう。

地域の住民にとって、とくに高齢者にとって、医療・福祉の施設は、「いのちと暮らし」を守る地域拠点としての役割を果たしている。訪問看護や訪問介護の広がりのなかで、これらの施設は、地域にとってかけがいのない存在となっているのである。

他方において、情勢の動きや制度の変化、立地する地域の特性を踏まえた医療・福祉の経営管理における先見性や方向性が問われる時代に入ったというべきであろう。

人件費比率の高さが目立つため、安易な人件費削減に走りがちであるが、そのことが、労働力の流出を増幅し、患者やその家族、ひいては地域住民の信頼を失うことにつながることも多い。人口集中の都市部における競合の激化と過疎地における受診患者の減少は、経営の生き残りを左右するような事情になっているところも出はじめている。

しかも、目まぐるしく変わる厚生労働省の制度見直しや政策誘導を読み違えると、それが経営問題に直ぐに影響することになる。

このような事情は、経営問題は経営幹部の仕事であり、責任だと突き放してきた労働組合にとっても、直接かかわってくるため、その対応の変化を促すことになっている。

高齢時代における患者やその家族、そして地域住民の不安に対し、「安心と信頼」を仕事のなかで広げることこそが、医療・福祉という仕事への誇りと経営の生き残りを生み出すことになる。

行政の果たすべき役割と責任についても、地域ニーズを土台に運動を強めなければならない。

本書は、現在の情勢のなかで、医療・福祉経営が、統合システム（複合体）として生き残るだけでなく、地域での信頼を基礎に定着し、発展するための課題の提言でもある。

二〇〇四年　師走　冬の比叡山麓にて

研究チーム代表　野村秀和

目次

高齢社会の医療・福祉経営

第一章　医療・福祉経営が直面する課題

――人件費管理とケアの質の向上――

野村秀和

はじめに

本章の課題は、わが国医療・福祉経営が現在直面している課題を明らかにすることである。

この課題を検討するには、まず、史的背景を見ておく必要があろう。その一つは、急速な高齢化である。このため、二〇〇〇年には、高齢者福祉のための介護保険制度が導入されている。もう一つは、バブル経済の崩壊後のデフレ不況が、一〇年以上も続いている影響である。このため、行政の財政能力は極度に疲弊し、社会保障などの施策のための財源がきわめて不安定かつ削減を余儀なくされている。また、企業は、不況のもと、労働者への犠牲転嫁であるリストラ策以外に有力な打開策を見出せず、ここでも企業による社会貢献は、後退の一途をたどっている。ようやく、リストラの効果によって、黒字幅を増やす企業も出てきたが、増収という企業活力強化の定着は、一部を除いてまだまだの状況である。

高齢時代を迎えて、高齢者医療費を頂点とする国民医療費の増大に対して、厚生労働省をはじめ経済界をも含めて、これに歯止めをかけようとする政策が、ますます強められようとしている。それは、医療保険や介護保険の見直し改訂政策のなかに、露骨に示されている。

医療経営は、医療保険制度のたび重なる改悪のなかで、診療報酬の切り下げ、保険者への負担増加による受診抑制が強まり、医業収益は、前年比横ばいから低減の方向へと「梶」を切り始めた。そのため、医療経営は、医業収益の落ち込みを埋めるために、介護福祉事業へのシフトを強めることになった。このように、福祉事業の伸張によって、事業収益総額の落ち込みをカバーするという対応が全国的に広がってきたのである。保健・医療・福祉（統合システム）複合体経営が、全国的に広がり、定着してきたのは、こうした医療保険制度のたび重なる後退と高齢者福祉を担う介護保険制度の発足がもたらした、当然の成り行きといえよう。

しかし、事態は、これによって解決されないほど深刻である。医療・福祉経営の特徴的な経営構造は、人件費比率の高さにある。地域差や法人規模による差異があるのだが、事業収益の五〇％台から六〇％台の人件費比率が普通の状況なのである。この高い人件費比率に対し、ネットの剰余（利益）は、一％台から二％台であり、赤字転落事業体も増加している。この現状から、人件費削減を中軸としたコスト管理の取り組みを、制度や情勢の推移を先取りしていた経営幹部たちは、すでに数年前から意識的に提起していた。このような取り組みは、今日では、当たり前の状況として、広く展開されているといえよう。

人件費削減をめぐる取り組みは、労使関係に大きな影響を与える。地域医療・福祉で先進的な活動に取り組んできた民主的な事業体は、とりわけ、労使間の相互理解の課題に直面しているといえよう。現在の医療・福祉をめぐる政府・厚生労働省の厳しい制度見直しに対し、経営を守る課題の重要性を、労組側は総論として理解していても、経営側から提起される人件費削減提案を無条件ですべて受け入れることはできないからである。

地域におけるいのちと暮らしを守る拠点としての医療・福祉経営での労使の相互理解の課題は、今日の医療・福祉事業が、地域の住民の信頼のなかでその役割を効果的に果たしていくためには、避けては通れない。こうした認識に立って、五〇年の企業分析の蓄積を土台に、労組側と経営側への提言としての研究を、本章は課題として自覚している。

第一節　現在の政策の焦点――社会保障制度

二〇〇四（平成一六）年版の『厚生労働白書』は、医療費の動向を「近年、国民医療費は経済（国民所得）の伸びを上回って伸びており、国民所得の約八％を占めるに至っている。中でも国民医療費の三分の一を占める老人医療費の伸びが著しいものとなっている」[1]と前年の白書と同じ指摘をしている。医療費の増加に歯止めをかけたい政府は、医療制度改革の経過を、この白書のなかで次のように述べている。「医療制度改革については、一九九七（平成九）年以降、①薬価制度の見直しによる薬価差の縮小、②包括化の推進など診療報酬体系の見直し、③病床区分の見直し等を行う医療法の改正、④高齢者の定率一割負担の導入等を行う健康保険法等の改正など、着実に改革が進められてきたが、医療をとり巻く環境が大きく変化するとともに医療保険財政が厳しい状況となる中で、将来にわたり持続可能な制度としていくためには、更なる改革を行うことが必要となっていた。このため、二〇〇二（平成一四）年度に健康保険法等が改正され各保険間の給付率を七割に統一するなどの各制度・世代を通じた給付と負担の見直し、老人医療の対象を七〇歳以上から七五歳以上に、老人医療費に係る公費負担の割合を三割から五割に、それぞれ段階的に引き上げることによる高齢者への施策の重点化、国民健康保険制度の財政基盤の強化等を柱とする改革を実施した(2)」。

こうしたなかで、二〇〇二年度には、診療報酬・薬価等のマイナス二・七%の改定を実施したのである。さらに、二〇〇三年四月から、医療保険の本人三割負担が実施され、患者側の受診抑制は一段と強まり、医業収益の落ち込みを決定的とした。

二〇〇四年四月に予定されていた診療報酬のマイナス改定は、医療経営にさらに大きなダメージを与えることになることは明らかであった。こうした事態のなかで、医療機関の側からは強い反発が広がったのである。そして、そのような動きを反映して、「日本医師会長」には、大阪府医師会の植松氏が選出されることになった。マイナス改定は必至と見られていたにもかかわらず、結果として、二〇〇四年の診療報酬の改定は、中医協において、プラスマイナスゼロとされたのである。危機意識を募らせていた医療・福祉経営の現場は、胸をなでおろしている状態がみられたのである。束の間の休戦期間に経営体質を強めることができるかどうかが問われることになったといえよう。

介護保険制度についても、『厚生労働白書』は次のように触れている。すなわち、「わが国では、高齢者に必要な介護サービスが提供される仕組みとして介護保険制度を設け、二〇〇〇(平成一二)年四月から施行されている。介護保険制度が施行されてから現在までの状況を見ると、六五歳以上の被保険者数は、施行後三年八か月で約二一六五万人から約二四二九万人へと約一二%増加している。一方、要介護認定

（介護が必要な程度によって『要支援』又は『要介護1—5』に分けられる。）を受けた者の数は、同期間に約二一八万人から約三七六万人へと約七二％増加しており、六五歳以上の被保険者数よりも高い伸びで増えている。また、要支援又は要介護の認定者数が全高齢者（六五歳以上）人口に占める割合については、二〇〇〇年四月には約一〇％であったのに対し、二〇〇三年一二月には約一五％に増加している。介護サービスの利用者数は、訪問介護等の在宅サービスを中心に大きく増加しており、同期間に約一四九万人から約二九八万人へと、利用者数が約二倍になっている」(3)。

介護保険制度の見直し作業は、厚生労働省の社会保障審議会・介護保険部会で行われており、二〇〇四年七月三〇日に「介護保険制度の見直しに関する意見」と題する報告書をまとめた。この「報告書では今後一〇年を見据え、①介護予防の推進、②痴呆ケアの推進、③地域ケア体制の整備——の三つの基本方針を打ち出した」(4)。

第二節　二〇〇四年度にみられる諸特徴

『日経ヘルスケア21』誌の二〇〇四年度における医療・福祉経営の特徴を紹介した記事を引用しながら、二〇〇四年度に入ってからの状況の特徴を概観してみよう。

大手介護企業の動向を報じた七月号には、「介護保険制度の施行から四年。多くの大手介護企業が増収増益を達成し、とりわけ訪問介護を主力とする上位企業の争いが激しい」(5)として、とりわけニチイ学館の「二〇〇四年三月期における介護事業の売上高は六六四億八二〇〇万円で、前年度よりも一八・四％増加し

図1-1　ニチイ学館の拠点の新設計画と2005年3月期における介護事業の連結業績の修正内容

当初新設計画（2006年3月末まで）
- 投資額：270億円
- 新設拠点数：200カ所
  多機能サービス拠点：200カ所

2005年3月期の連結業績の当初予想
- 売上高：815億円
- 営業利益：58億円

↓

修正後新設計画（2007年3月末まで）
- 投資額：204億円
- 新設拠点数：160カ所
  多機能サービス拠点：100カ所
  有料老人ホーム：60カ所
  （このほか，既存の通所介護事業所100カ所を多機能サービス拠点に変更する）

2005年3月期の連結業績の今回修正予想
- 売上高：772億円
- 営業利益：18億5000万円

た。営業利益も前年度比三八・九％増の三六億五六〇〇万円」[6]と今後の事業拡大への自信を報じている。

もっとも、同誌一〇月号には、ニチイ学館は「九月二七日、二〇〇四年度第1四半期（四―六月）の介護事業の業績悪化を受けて、二〇〇五年三月期の通期業績予想を下方修正した」[7]とあり、その内容は、図1―1に示すとおりである。状況の変化は、このように激しいものでもある。

医療経営の動向として、二〇〇四年の診療報酬の改定は、すでに述べたとおり、プラスマイナスゼロとされたのだが、同誌八月号には、「ゼロ改定も実質マイナス」という全国の医療機関からの声を報じている。「四月以降、外来・入院ともに小幅ながら減収になった医療機関が多い。外来では延べ患者数の減少、入院では病床稼働率の低下といった影響が出ている。いずれも基本的には、従来から厚生労働省が進めてきた受診抑制や平均在院日数の短縮を狙った施策の影響のようだ」[8]。

同誌一〇月号では、二〇〇四年版医療法人所得ランキングの特集が組まれている。「二〇〇三年版では、二〇〇二年四月の診療報酬マイナス改定の影響をまともに受ける形で、所得額を落とす法人が目立ったが、今回は所得を伸ばす法人が増えている。上位一〇〇法人の所得総額は前年より八・七％伸び、全般的には回復傾向にあることがわかった」[9]とみている。しかし、「二〇〇四年版のランキングでは、このように経営改善の取組みが功を奏して業績が向上した法人が目立つが、医療機関の経営に詳しい公認会計士の石井孝宣氏は、『病院業界全体で見れば、勝ち組と負け組の格差はむしろ広がっており、経営環境の厳しさは確実に増している』と見ている」[10]という見解も紹介されているのである。

この点をずばり指摘している見解が、『病院』誌に発表されている。

病院の設備投資への銀行の融資は、高齢化による医療市場に加えての福祉市場への進出という市場の拡大や地域医療計画による許可病床規制という地域独占を踏まえて、おおむね好意的であったとしたうえで、「第四次医療法改正の病床区分届出という医療制度改革から派生した融資案件の審査過程を通じて『これからの病院経営は恐らくは国の医療制度改革の方針に沿える「勝ち組」とそうでない「負け組」に分かれていくのであろう。そして平成一五年九月以降は病院の勝ち組と負け組とが明確になってくる』と銀行は解釈しました」。これからの融資のための銀行による病院審査は、「銀行内の『企業格付』における与信判断では従来の経営者能力や取引経緯などを勘案した定性面での評価比重は低く、財務諸表を中心とした定量評価が重要視されています」[11]と述べているのである。

第三節　医療・福祉事業の経営構造

すでに述べたとおり、医業収益の落ち込みは、医療経営が、介護福祉事業へシフトすることを促進することになった。

表1-1を見ていただきたい。この資料は、全日本民主医療機関連合会（民医連）所属の全法人合計の経営資料である。

（単位：千円，％）

2001年		2002年度総計	
162法人	構成比	164法人	構成比
239,002,274	45.1	233,737,881	44.7
220,033,208	41.5	207,863,637	39.8
18,750,768	3.5	19,915,364	3.8
477,786,250	90.1	461,516,882	88.4
51,732,362	9.8	59,943,580	11.5
872,569	0.2	891,250	0.2
530,391,181	100.0	522,351,712	100.0
315,197,770	59.4	314,527,764	60.2
103,900,237	19.6	101,030,410	19.3
69,723,349	13.1	69,280,346	13.3
4,788,849	0.9	4,703,290	0.9
23,923,442	4.5	23,795,251	4.6
517,533,646	97.6	513,337,061	98.3
12,857,535	2.4	9,014,651	1.7
6,283,477	1.2	6,398,862	1.2
8,599,627	1.6	8,460,430	1.6
5,683,886	1.1	5,564,120	1.1
10,541,385	2.0	6,953,083	1.3

1　医業収益の低下と介護福祉事業の増大

五年間の推移をみると、法人数の変動があるので正確には分析できないが、二〇〇二年度の医業収益の落ち込みは、入院、外来ともに大きい。介護事業収益が登場するのは二〇〇〇年度からであるが、それ以後着実に増加を示している。また、事業収益に占める介護収益

表 1-1　損益状況の 5 年間推移（全法人合計）

	1998年		1999年		2000年	
	171法人	構成比	169法人	構成比	159法人	構成比
入　院	240,561,193	49.2	241,895,770	48.5	237,211,003	45.9
外　来	229,024,368	46.8	234,819,174	47.1	217,272,450	42.1
その他	19,689,718	4.0	21,953,812	4.4	17,871,386	3.5
医業収益	489,275,279	100.0	498,668,756	100.0	472,354,839	91.5
介護収益		0.0		0.0	43,037,803	8.3
その他		0.0		0.0	884,868	0.2
事業収益	489,275,279	100.0	498,668,756	100.0	516,277,510	100.0
人件費	282,321,941	57.7	291,512,416	58.5	305,613,700	59.2
材料費	109,430,773	22.4	106,975,550	21.5	104,729,926	20.3
経　費	60,158,234	12.3	62,358,168	12.5	65,696,150	12.7
リース	4,414,008	0.9	4,517,968	0.9	4,686,758	0.9
減価償却費	21,198,860	4.3	21,411,543	4.3	21,916,944	4.2
事業費用	477,523,816	97.6	486,775,645	97.6	502,643,478	97.4
事業利益	11,751,463	2.4	11,893,111	2.4	13,634,032	2.6
事業外収益	6,545,663	1.3	6,523,263	1.3	5,937,895	1.2
事業外費用	9,303,942	1.9	9,326,004	1.9	8,574,208	1.7
（支払利息）	6,088,501	1.2	5,837505	1.2	5,652,495	1.1
経常利益	8,993,184	1.8	9,090,370	1.8	10,997,719	2.1

注：年度途中開業・規模変更法人を含む。
出所：民医連『経営資料』（各年）より作成。

の比率も高まっており、医業収益の低下傾向に対し、介護福祉事業への傾斜が明確に読み取れるであろう。

なお、事業収益が、二〇〇一年度対比で二〇〇二年度が減少している現状は、法人数の増加を考えると、事態の深刻さを示す数値といえよう。二〇〇三年度の上期の速報データによれば、二〇〇三年四月から実施された医療保険本人三割負担の影響を受けて、この傾向はさらに強まっているのである。

なお、この数値は、全法人の合計数値である。したがって、個別法人ごとに見ていくと、先見性をもつ経営幹部に引率されている院・所では、もっと著しい傾向を

表1-2　設立主体別黒字・赤字の割合（各年6月のデータ）　（単位：%）

	総数		自治体		その他公的		私的	
	黒字	赤字	黒字	赤字	黒字	赤字	黒字	赤字
平成14年	21.9	78.1	4.1	95.9	40.0	60.0	49.0	51.0
平成15年	27.6	72.4	11.2	88.8	48.8	51.2	49.0	51.0

注：総収益から不採算部門等の医療に対する経費助成である他会計負担金・補助金等は除外して黒字・赤字の判別をしているため，病院の決算時点における黒字・赤字ではないことに留意されたい。

出所：全国公私病院連盟・社団法人日本病院会『平成15年 病院経営実態調査報告』（平成15年6月現在調査）50ページ。

示す数値として、介護福祉事業へのシフトが見られることはいうまでもない。民医連が、介護福祉事業に本格的に乗り出してきた二〇〇〇年度には、「保健・医療・福祉複合体」は、地方の個人病院を中心に、すでにほぼ全国的に定着していたのである[12]。次に、表1-2に示したとおり、赤字経営の病院は、自治体設立の病院を中心に、七割に及んでいる。経費助成や補助金などによって決算上は黒字であっても、実質的には、公的病院や私的病院の半数は、水面下の経営という厳しさなのである。

2　複合体（統合システム）の形態

高齢者介護の性格からみて、体調の不安定さを考慮すると、医療機関との連携は決定的に重要である。また、資本蓄積の水準や経営ノウハウの諸点からみても、一定の力量を有する病院が主導的な位置にあることは間違いない。したがって、医療機関が実施する介護福祉事業へのシフトは、別法人としての社会福祉法人を設立し、そこが特養や老健などを運営するところまで発展するのに、それほど時間はかからなかった。医療機関の資金で設立された社会福祉法人は、制度上、院長と理事長を同一人のドクターが兼任する所有型複合体となる。介護保険制度発足の二〇〇〇年の前の段階で、すでに陣取り合戦の第一段階は終了していたというのが、筆者の調査から得た感想である。

所有型複合体は、サービスの質がよければ、医療と福祉の連携がきめ細かく、しかも即座に実施できる長所をもち、入院日数の短縮など保険点数上のメリットを実現できる。しかし、影の部分として、患者の囲い込みが指摘されている。この意味するところは、地域に存在する医療・福祉事業体との連携志向が弱く、サービス事業を自己グループ内で完結させることになり、改革の契機が弱くなることである。

措置費で運営されてきた社会福祉法人は、資本蓄積や経営ノウハウで医療機関に比べて一般に遅れているので、社会福祉法人をコアとした複合体は一般的な存在ではない。しかも、行政による許認可規制のもとで運営されるので、その経験を有する医療機関を凌駕することは難しいのである。

また、介護保険制度の発足後は、ベッド数規制に典型化されるように、自由な施設拡大は、地域の事情にもよるが、難しくなっている。このような事情のなかで、所有型ではなく、地域に存在する医療機関や福祉施設との提携型統合システムが模索され始めている。所有型に比べて統制力は弱く、緩やかな連携ではあるが、地域ニーズを実現するこの種のネットワークは、後発の医療機関や社会福祉法人にとって、生き残りをかけた事業展開となっている。県レベルで実施される地域福祉支援計画のなかに位置づけられれば、地域のなかで一定の役割を担う可能性を有するのである。

3　人件費比率の高さ

経営構造の特徴として、もう一つ重要なことは、事業収益に対する人件費比率の高さである。付加価値の高いサービス業であることから当然のことではあるが、五〇％後半から六〇％台に達している。しかも、

（単位：%）

300～399	400～499	500～599	600～699	700～
55.5	53.4	52.6	55.7	53.6
54.2	52.2	52.5	52.5	50.3

年度が新しくなるにしたがい、この比率は上昇しているのである。

東京など地域の事情で人件費比率が高くなっている場合もあるが、医師や看護師など専門職ということからも高くなるのである。これとの対比で、事業収益に対する経常利益率をみると、一%台から二%台にすぎない。個別法人ごとの差異も著しいが、全体状況としての低い数値は、人件費管理が有効に実施されるならば、安定した利益率を確保することはそれほど難しいことではないことを物語っているといえよう。医療・福祉事業体での経営管理の要は、まさに人件費管理なのである。

設立主体別および病床規模別に、病院経営での人件費比率を、表1－3に示した。一般的にいって、自治体設立の病院、病床規模の小さい病院において、人件費比率が高くなっている。このことは、経営の厳しさがこの部分に集中しているという面とコスト管理の弱さの両面から見ていくことが必要であろう。人件費管理の方策は、直接、人件費の削減という形をとる場合もあれば、アウトソーシングの拡大などの形をとることもある。施設のリニューアルがこうした人件費管理の具体化の契機となることは多いのである。

第四節　医療・福祉経営のマネジメント

1　K勤労者医療協議会の事例

K勤労者医療協議会理事会は、二〇〇二年九月二五日に「経営危機を打開する賃

表 1-3　医療収益100対給与費割合（設立主体別・一般病院病床規模別）

	総　数	自治体	その他公的	私　的	20～99床	100～199	200～299
平成14年	56.6	61.1	51.7	52.4	68.7	59.3	59.3
平成15年	54.7	58.5	49.9	51.7	64.8	57.9	58.2

出所：表 1-2 と同じ，34-37，44-49ページ。

金体系の改定について」の文書を発表した。この提案の性格を素直に表わしているのが、「在職職員の激変緩和措置」の説明であろう。

すなわち、

「号俸改定によってすべての職員が賃下げとなりますが、二〇〇二年度に在職する職員について、下記の激変緩和措置を行います。

①一〇％を超える引き下げとなる職員への緩和措置

新号俸によって、現在の額との実際の差がおおむね一〇％を超える職員は、単年度の引き下げを一〇％をめどとした『特別号俸』を適用します。この特別号俸から、基本的には〇三年度より三年間で新号俸へ移行することとします。

②『勤続給』『本給加算』等の廃止の緩和措置

現在在籍職員の『勤続給』は、〇二年度現在の金額を固定し、『旧勤続給』の名称で『手当』として固定支給します」。

これによってわかることは、一律一〇％の賃金切下げ提案ということである。

K勤医協労働組合本部執行委員会は、二〇〇二年一一月七日付で「理事会の賃金体系改定案を批判する」という文書を発表した。そのなかで「労働組合は、申し入れのあった直後に、書記長のコメントを発表しました。このコメントでは、『改定案』の基本的な性格、すなわち『理事会の「改定案」は賃金体系の改定とは言うもののの、その中身は大幅な賃下げ提案であり、退職金の大幅な引下げ』にほかならな

表 1-4　二つの中小病院の2003年度と2004年度上半期の経営資料（単位：百万円，%）

	2003年度（04.3）				2004年度上半期（04.9）	
	金　額	構成比	予算比	前年比	構成比	予算比
事業収益	5,317	100	96.7	89.9	100	94.0
入　院	1,998	37.6	100.8	86.9	37.3	93.7
外　来	2,069	38.9	92.2	86.5	35.6	95.4
介　護	517	9.7	103.0	—	10.1	95.5
人件費	3,679	69.2			69.2	
経常剰余	△172	△3.3			△3.6	
当期剰余	△156	△2.9			△3.6	
事業収益	2,051	100	97.9	110.1	100	97.4
入　院	427	20.8	100.8	103.7	19.6	101.8
外　来	836	40.8	96.5	99.3	38.3	100.3
介　護	681	33.2	98.1	135.7	37.4	92.2
人件費	1,178	57.5			56.4	
経常剰余	59	2.9			6.5	
当期剰余	52	2.6			4.7	

出所：T医療生協・H医療生協の総代会資料，経営速報資料による。

いこと、『「経営危機」の脱却どころか、ゆるぎない経営をめざすものとさえ言えるもの』であることを指摘しました」と述べている。

人件費削減をめぐる経営側からの提起は、ここで述べた事例だけでなく、たとえば、東京や名古屋の医療生協などでも提起され、労使折衝が続いたように、全国的に広がっているというのが現状といえよう。

2　中小病院での二つの事例

表1-4に示した「T医療生協」と「H医療生協」の事例は、典型的な中小病院の経験である。両法人とも、二〇〇二年度までは厳しい兆しが出ていたとはいえ、黒字経営が続いていた。油断していたわけではないのであろう

が、T医療生協は、医業収益の落ち込みで二〇〇三年度に赤字に転落、二〇〇四年度上半期もその状況が続いている。予算編成の甘さを批判することはできるが、人件費比率の高騰は、緊急の手術を必要としているといえよう。人件費削減への労組の協力を求めるとしても、ここまで事態を悪化させた経営側の責任を明確にしなければならないであろう。

T医療生協と比べてH医療生協は、経営規模で半分、ローカルな立地で、厳しい経営環境におかれている。競合病院の進出もあり、危機意識は強かったのである。このことが、介護福祉事業への積極的な展開を強め、その姿勢が、地域での信頼につながり、医業収益の前年比水準を維持するという成果に繋がってきているのである。

個別の条件のなかで、その条件を正確かつ素早く認識し、職員・組合員と共有することができれば、ローカルな立地でも、小規模経営であっても、それなりの地域における信頼を強めることができるという事例であろう。この書物が出版される頃、T医療生協が危機的状況を脱することに成功する目途が立っているかどうかが問われていると思われる。

第五節　地域のいのちと暮らしの拠点を守り、発展させる課題

1　コミュニティ（地域）の信頼

高齢社会は、大都会を若者の街に変えるが、その反対の極であるローカルな地域は高齢化率を高め、お年寄りのタウンとなる。高齢者の概念も変化しており、いまでは、六〇代は高齢者としての自覚は少ない。

過疎の進む農漁村や中山間地帯では、元気に働いている八〇代、九〇代がコミュニティの担い手なのである。しかし、元気なお年寄りも、ちょっとしたことで体調を崩す可能性を抱えており、健康不安に対するサポートシステムには、強い関心と要求をもっている。この種のサポートシステムは、お年寄り本人に加えて、離れて暮らす家族に大きな安心感を与える。ローカルコミュニティの自治体行政は、このような医療・福祉にかかわるサポートシステムを支えることが日常の仕事でもある。このような視点で大都会の下町の住宅街を見直してみると、ひっそりと暮らす多くのお年寄りの姿が見えてくる。健康不安の思いはここでも同じなのである。

財政難と人手不足に悩む現場行政は、善意ではあっても、これらの不安解決に対処できるわけではない。コミュニティのなかに存在する医療・福祉経営は、地域のいのちと暮らしを守る砦としての役割を担っているのである。

すでに述べてきたように、医療・福祉事業は、保険制度の後退により厳しい経営を強いられている。人件費削減という「大手術」をやむをえず執行しているのがいまの実情である。人に対するきめ細かなサービス事業であることを考えると、職員の機械的な人べらしは、単純には、サービスを受ける人々にとっては、サービスの質と量の低下を意味する。こうした事態に対処するために、ボランティア組織を広げ、そのエネルギーによって、医療・福祉事業を支えることが追求されるようになった。このようなボランティア労働力の導入が継続的・組織的になると、責任を明確にするためにも、無償から有償のボランティアというように変容することになる。ボランティア労働は、経営にとって、低コストのメリットを有するが、患者やその家族に近い視点でサービスを提供するという意味では、専門職の正規職員よりも、患者にとっては親しみのもてる相手でもある。かつて、大病を患った経験をもつベテランボランティアは、病院内のデメリット情報に詳しい。デメリット情報を知ることで、かえって安心する患者や家族も多いことから、病院への信頼を高める効果もあるのである。

2　労使の緊張関係のなかでの相互理解

医療・福祉経営をめぐる環境や情勢の動き、さらに国などの制度改訂の方向などについて、経営責任を有する幹部集団の先見性と責任の自覚がなによりも大切である。その場合に、医療・福祉の統合システム全体の資源を有効活用し、潜在的な力を効果的に発揮させるような事業執行が求められる。客観的な経営数値による現状把握は当然のことであるが、コミュニティに責任をもつというミッションを、運動として提起するようなロマンもリーダーには求められよう。

医療・福祉事業は、すでに述べたとおり、人件費削減をめぐっていろいろな動きがある。いままで、コスト管理の対象からは直接には外されていた医師層に対しても、プライドを傷つけないような配慮をして、情報提供という形で、医師の経営への貢献度を知らせるようなことも始められている。専門職として、また、熟練技術者として労働組合運動の中心的担い手でもある看護師は、患者と経営との狭間で、労働密度の強化がしわ寄せされている職種である。この層の経営に対する信頼は、職場の団結の基礎ともなるので重視されているが、一定の賃金水準を確保していることもあって、カットの主たる対象となっている。

アウトソーシングの導入が、労働現場に微妙な差別をもたらし、雇用形態の多様化は職場の団結を弱めることにつながる。この隙間を埋めて、職場の団結を守り、離職者を増やさないことで労務体制の強化に貢献できるのは、労組の役割でもある。

リストラの最も徹底した対象は、事務職であろう。部下をもたない中間管理職が「よろず屋」として活用されている。経営戦略を、数値を土台に、全体を見ながら情勢を先読みし、常勤に対する情報提供と企画提案を、スタッフとして練り上げる訓練は、少数精鋭の幹部育成のプロセスそのものであろう。

福祉事業へのシフトは、収益の増加だけでなく、ヘルパー労働力が、パートや派遣の形態をとり、これが高い剰余を生み出すことになる。介護保険制度によって有力な事業部門に成長してきた介護福祉事業は、低コスト労働力の犠牲のうえに経営を支えるという構造的な弱点を抱えていることを自覚しておかなければならない。

さらに、地域におけるクライアントの拡大による信頼の広がりは、経営の安定に結びついてくるが、その場合、現在のクライアントである患者やその家族だけでなく、高齢化しつつある地域住民のニーズである健康不安に対するサービス事業の展開が戦略的に重要となってくる。施設をベースとした健康増進活動をもっと重視すべきであろう。それに加えて、在宅介護や在宅看護によるコミュニティへの訪問活動は、ご近所の人たちとの接点を広げる大切なチャンスとなる。いますぐに、事業収益の改善に結びつかなくとも、このような取り組みは、コミュニティのなかでの医療・福祉事業の担い手としての信頼を強めることになるのである。そのために、通常業務の効率を高め、そこでの剰余を、こうした分野での活動資金財源として活用することが必要なのである。

高度先端医療を担う大学病院と違い、地域でのいのちと暮らしを守る拠点病院・診療所としての立場を自覚するならば、コミュニティのなかでの地位を高めるための多様な取り組みが必要となる。保険制度が現行制度上、そのような取り組みを認めていないことを理由に事業としての展開を閉ざすことは、地域のいのちと暮らしを守る砦としての任務と誇りを放棄することを意味する。健康増進と介護予防の取り組みを保険制度としても保障させる運動を地域の住民とともに広げながら、非営利事業体の経営効率を高めることで、自力財源を捻出し、地域ニーズに応えていくことは、中期的将来展望としては、不可欠な課題となる。地域の信頼を強めるには、中小病院にとって「なんら特色がない経営では、市場から取り残されてしまう[13]」という指摘を重視すべきであろう。

ここで決定的な問題は、労使間の相互理解と協働であろう。企業内効率を高めて得た自主財源を呼び水にして、一定の取り組みの広がりを組織できれば、地域からの寄付やボランティア参加の波を広げる可能性を生み出すことになろう。

地域パワーの正確な把握、経営内採算や投資計画などの基礎となる会計データによる労使の相互理解、これからさらに改悪されるであろう医療・福祉制度の予測とそれに対する戦略的運動の組織化、そして経営としての戦術的な取り組み、そこでは一歩後退、二歩前進を含む妥協と柔軟な対応など、足元の経営実態と経営が組織している潜在的資源の総結集が必要となる。

戦略的提起は、今日の情勢をどう見るかによって、その内容が決まってくるが、戦術的な取り組みは、個別具体的な事業体のケースに応じて、経営側からの提案と労働側からの修正による対案のすり合わせから始まる。そして、時期に応じた方針を共同で創り上げることとなろう。情勢や地域住民のニーズによって、朝令暮改を気にせずに、アクションプランを練り上げていくことが大切となる。

ここで提起した企業採算内人件費削減の課題は、政治・経済の大きな枠組みの変化がないかぎり、中期的に政府の「構造改革」に対決する形で継続するであろう。いずれにしても、先送りできるものではない。したがって、この課題を正面に据え、相互理解を深めなければならない。ときには経営側の責任でプランを執行することもあり得るし、労組側としては、反対の立場を明らかにして、経営側の執行を実力で止めることはしないという妥協もあり得る。こうした柔軟な相互理解の内容は、いままでの労使関係や経営の現状、競合企業との関係、地元自治体の政治姿勢などの影響により、個性的で多様性をもつことになる。

（1）『厚生労働白書』平成一六年版、二三九ページ。
（2）同右、二四〇ページ。
（3）同右、二〇四―二〇五ページ。
（4）『日経ヘルスケア21』二〇〇四年九月号、四一ページ。なお、この報告書の詳細もこのなかで紹介されている。同誌は、この基本方針には、事業者の立場からみると、「ビジネスチャンス拡大と事業リスク増大の両面がある」と指摘している。
（5）（6）同右、二〇〇四年七月号、四四ページ。
（7）同右、二〇〇四年一〇月号、二一ページ。
（8）同右、二〇〇四年八月号、二一ページ。
（9）同右、二〇〇四年一〇月号、四九ページ。
（10）同右、五二ページ。
（11）福永肇「銀行の病院審査の変遷」、『病院』二〇〇四年一〇月号、六七ページ。
（12）二木立『保健・医療・福祉複合体』医学書院、一九九八年、参照。
（13）松原由美『これからの中小病院』医療文化社、二〇〇四年、一七ページ。

第二章　「非営利・協同」の医業経営における管理会計活用の必要性と課題

足立　浩

第一節　本章の課題――人件費をめぐる労使間対立とその解決への模索

1　本章の課題

本章の課題は、いわゆる「非営利・協同」を標榜する医業経営が今日直面している経営上の重要問題の一端に触れつつ、会計学的視点からとくに管理会計の活用を軸とした内部マネジメント強化の必要性を指摘するとともに、そのための諸課題を提起することにある。

その際、主な対象として「なにより『いのち』を大切にし、平和と人権を守る非営利・協同組織の一員」を自認する全日本民主医療機関連合会（民医連）加盟の事業体を念頭に置いている。民医連加盟の事業所数は二〇〇四年一月末時点で、病院一五二、医科診療所五一一、歯科施設一一三、その他八〇三で、第四次医療法に基づく病床届出は一般七三・九％、療養二六・一％（全国平均は一般七二・七％、療養二七・三％）で、両病床数合計で全国の二・〇％を占めている。法人数は二〇〇二年度末で一六四、その約六割が医療生活協同組合である。日本生活協同組合連合会（日本生協連）医療部会加盟単協は一二〇あるが、その約七八％が民医連に加盟している。[1] 民医連医療機関を主対象とするのは、「非営利」のみならず「協同」の理念をも掲げている点に注目するからである。ただし、厚生農業協同組合連合会（厚生連）も「協同」の点では共通するが、ここではとくには取り上げない。また、医業経営を論ずる前提としてその特殊性等に触れておく必要があるが、紙数の制約上別稿に譲るので参照されたい。[2]

なお、診療報酬のマイナス改定や保険制度改定に伴う受診抑制が厳しく進行するもとで、経営上直面している問題や課題は民医連以外の医療事業体にも基本的に共通している。その意味で、本章で検討・提起する問題・課題は今日の医療事業体全般に共通するものと考えている。

2　人件費をめぐる「民主的」労使間対立

民医連加盟の医療事業体経営における今日の特徴的な問題は、事業収益に占める人件費比率の高さである。地域差や法人差はあるが、それは五〇％台から六〇％台にも及ぶ場合がある一方、剰余（利益）は一―二％台で、赤字事業体も増加している。端的にいえば、人件費率が数％増減するだけで黒字が赤字になり、逆に赤字が黒字になりうる状態にあるわけである。

全日本民医連の第三六期運動方針でも、二〇〇二年度は民医連経営統計史上はじめて外来患者数と事業収益で前年実績を割り込み、加盟事業所の黒字法人比率はなお八割を超えたものの経常利益率が急落し、受診抑制による患者減、診療報酬マイナス改定による経営悪化で「経営を守るとりくみはまったなしの状況」にあるとしている。また、医療機関は存立さえも脅かされる厳しい状況にあり、医療労働者の労働条件も後退を余儀なくされているが、黒字病院と赤字病院とでは人件費率で五％の差があり、それが経常利益の差に直結していることから、規模に見合う人的体制への見直しと同時に業務の基準化・標準化と管理水準の引き上げによる労働効率の改善、支出構造の見直しが必要で、とりわけ支出の六〇％前後を占める人件費問題の検討を避けて通ることはできないことを強調している。(3)

他方、労働組合側は人件費削減や労働条件切下げを含む経営側からの様々な「見直し提案」に対し、中央労働委員会への提訴を含め反発を強めている。上記運動方針にみる経営側の認識にやや先立つが、京都医療労働組合連合会執行委員長（当時）・鷲見敏夫氏は、二〇〇二年春闘が史上最低の結果に終わったのは「ひとえに医療抜本改悪の嵐の中で生き残りを図るためには固定費である人件費を圧縮して利益を確保しなければならないという思想攻撃を許したことに一因がある」旨述べている。氏は厚生労働省医政局『病院経営指標（医療法人病院の決算分析）』に照らし、一九九八―二〇〇〇年度に約八〇％の病院が黒字を計上していて「医療法人の経営状況が悪化しているという状況にはない」とし、二〇〇〇年度の収益性で黒字病院と赤字病院とを比較して、とくに人件費率と経費率を中心に黒字病院が下回っていることを指摘している。そして、診療報酬引下げや医療提供体制再編により医療機関の整理・淘汰が加速されるなかで生き残ろうとする経営者がいっそうの人件費削減を企図してくるのは明らかで、そのために使われるのが「〝病院あっての医療であり、職員の生活である〟という思想攻撃であり、国際会計基準等を持ち出して、退職給与の一〇〇％引き当てや減価償却引き当ての積み立てによる赤字づくりである」と述べている(4)（表2-1、表2-2、参照）。

かくして、人件費のあり方をめぐる「民主的」労使間対立はかつてなく厳しいものになりつつある。そ

表 2-1　損益状況の推移　（単位：%）

年度	黒字病院の比率				赤字病院の比率			
	1998	1999	2000	2001	1998	1999	2000	2001
一般病院	74.1	73.8	82.1	80.5	25.9	26.2	17.9	19.5
療養型(老人)病院	83.3	79.7	86.5	87.3	16.7	20.3	13.5	12.7
精神病院	80.6	79.9	80.7	83.6	19.4	20.1	19.3	16.4

出所：厚生労働省医政局『病院経営指標（医療法人病院の決算分析）』平成11，12，13年度版より作成。なお，集計対象一般病院数は，1999年度896，2000年度941，2001年度963である（http://www.mhlw.go.jp/topics/bukyoku/isei/igyou/igyoukeiei/keieisihyou/13sihyou.. 2004年10月現在）。

表 2-2　損益状況からみた収益性　（単位：%）

年度	全　体			黒　字			赤　字		
	1999	2000	2001	1999	2000	2001	1999	2000	2001
人件費率	49.2	49.2	49.7	47.9	48.5	48.8	54.0	53.6	54.9
材料費率	24.2	22.8	22.6	24.2	22.7	22.5	24.2	23.9	22.8
経費率	15.3	15.3	15.2	14.6	14.8	14.7	17.8	18.5	17.9
委託費率	3.5	3.7	4.0	3.5	3.8	3.9	3.6	3.6	4.7
減価償却費率	4.1	4.1	4.1	4.0	4.0	4.0	4.3	4.5	4.4
医業収益対医業利益率	3.7	4.8	4.4	5.7	6.3	6.0	−3.9	−4.1	−4.7
経常収益対経常利益率	3.8	4.9	4.2	5.4	6.1	5.6	−2.5	−2.6	−3.9
総収益対総利益率	3.4	4.6	4.1	5.0	5.8	5.4	−2.7	−2.9	−3.7
経常収益対支払利息率	1.3	1.3	1.3	1.3	1.3	1.3	1.5	1.4	1.3

出所：表 2-1 に同じ。なお，人件費率から減価償却費率までは医業収益に対する各費用比率であり，総収益対総利益率の「総利益」は当期純利益である。

の際、両者はいずれも『病院経営指標（医療法人病院の決算分析）』の二〇〇〇年度の収益性指標で黒字・赤字病院間の人件費率に約五%の差があったことに留意している。人件費が最大費目である以上、費用節減に際しそれに最大の焦点が当たるのは当然であり、その数%の変動が黒字か赤字かを決するならなおさらである。しかし、その「攻防」にのみ焦点が当てられるなら、対立はいっそう深刻化するしかないことになろう。

「非営利・協同」を標榜する医療事業では経営側・労働側が互いの責任と権利を尊重しながらこの理念達成に向けて協働することが求められ、それは従来、民医連事業体の特長とする「理念・運動面」での診療報酬適正化要求や医療労働者の労働条件改善要求等として、医療制度・政策への国民要求の反映と併せ追求されてきた。また、その面では労使間の「利害」は基本的に一致しており、いずれにも「痛み」を伴うこともなかったといえる。しかし、医療を取り巻く情勢が一段と厳しくなっている今日、「理念・運動面」のいっそうの強化だけで、はたして「長期的に闘える事業体質」を確立できるであろうか。それが問題である。

第二節　「非営利・協同」の医療事業における マネジメント強化の課題

1　黒字・赤字病院間のマネジメント水準の差

ここで留意すべきは、表2-2で二〇〇〇年度の黒字・赤字病院間の人件費率の差五・一％に対し、その他（材料費率、経費率、委託費率、減価償却費率）の差の合計が五・二％に及ぶことである（委託費率は赤字病院のほうが低いので減算。委託費率を除くその他の差の合計は五・四％）。すなわち黒字・赤字病院間の差は人件費率だけでなく費用全般にわたっている。それは、端的にいえば原価管理を含む内部マネジメント水準そのものの差を反映するものではあるまいか。ちなみに二〇〇一年度には人件費率の差は六・

一％に及ぶが、それ以外の費用率の差の合計も四・七％と前年度に比べやや少ないものの、やはり五％近くに及ぶのである。

もちろん、比率値のみによる速断は要注意である。たとえば減価償却費は建物・機器等の更新・新設投資後には当然高まるが、それは成長期にあって最新の医療技術水準確保に努力する病院等ではしばしば生じることで、減価償却費率の高さがただちに経営上の問題性を反映するわけではない。委託費については事実上の人件費が「紛れ込んで」いる可能性もあり、その比率値の高低自体を云々することは適切ではない。外部委託（アウトソーシング）については「専門業者によるサービスの質の向上」やそれによる「費用節減効果」が喧伝される一方、委託業務領域における自らの力量低下を招く恐れもある。そもそも経営には、数値や比率のみでは表現・評価しきれない部分・側面も少なからずある。

ただ、ここでは黒字・赤字病院間の収益性における差は単に「人件費抑制」の成否にのみ起因するわけではなく、むしろ然るべき収益確保を前提にしつつも原価管理を含むマネジメント力全般の水準に大きく規定されていることを読み取るべきであろう。

2「機能性」「生産性」からみたマネジメント水準の差

「収益性」の前提となる「機能性」「生産性」等も概観しておこう。表2－3は『病院経営指標（医療法人病院の決算分析）』による「損益状況からみた基礎数値（一般病院）」である。一日平均入院・外来両患者数で黒字病院は赤字病院を常に凌ぎ、前者は着実に上昇しているが後者は低迷している。病院の機能や立地条件等の差異から単純比較は難しいが、広い意味でのマーケティングを含む基本的なマネジメント力

表 2–3　損益状況からみた基礎数値（一般病院）

区分（年度）		集計対象施設数（病院）	病床数（床）	1日平均入院患者数（人）	1日平均外来患者数（人）
全体	1999	896	119.4	98.3	189.5
	2000	941	124.4	102.8	199.2
	2001	963	127.4	105.9	202.4
黒字	1999	661	123.0	103.1	199.1
	2000	773	126.3	105.5	207.9
	2001	775	133.4	112.3	211.3
赤字	1999	235	109.3	84.6	162.6
	2000	168	115.7	90.4	159.1
	2001	188	103.0	79.3	165.4

出所：表 2–1 に同じ。

表 2–4　損益状況からみた機能性（一般病院）

区分（年度）		病床利用率（%）	外来／入院比（倍）	平均在院日数（日）	患者100人当たり従事者数（人）	患者1人1日当たり入院収益（円）	患者1人1日当たり外来収益（円）
全体	1999	82.3	1.93	35.7	72.5	22,667	8,127
	2000	82.6	1.94	35.1	72.6	23,815	7,851
	2001	83.1	1.91	34.9	57.2	24,110	7,880
黒字	1999	83.8	1.93	34.8	71.8	23,091	8,314
	2000	83.5	1.97	34.2	71.9	24,252	7,939
	2001	84.2	1.88	35.0	56.7	24,163	7,912
赤字	1999	77.4	1.92	39.4	74.8	21,210	7,483
	2000	78.2	1.76	41.0	76.9	21,459	7,318
	2001	77.0	2.09	34.0	60.0	23,802	7,708

出所：表 2–1 に同じ。

の差をうかがわせるものとみられる。

表2－4は同じく「損益状況からみた機能性（一般病院）」である。黒字病院は赤字病院を病床利用率、患者一人一日当たり入院収益および同外来収益で常に上回る一方、患者一〇〇人当たり従事者数では常に下回る。病床利用率の高さを患者数の相対的多さ、患者一人一日当たり入院・外来収益を患者平均単価と読み替

表 2–5　損益状況からみた生産性（一般病院）

区分（年度）		常勤医師1人当たり年間給与（千円）	常勤看護師1人当たり年間給与（千円）	従事者1人当たり年間医業収益（千円）	労働生産性（千円）	労働分配率（%）
全体	1999	14,200	4,740	11,733	6,206	92.9
	2000	14,635	4,831	12,035	6,504	91.1
	2001	15,016	4,935	15,502	8,384	91.9
黒字	1999	14,361	4,757	12,107	6,493	89.3
	2000	14,799	4,829	12,331	6,754	88.5
	2001	15,022	4,903	15,688	8,592	89.1
赤字	1999	13,653	4,683	10,498	5,261	107.8
	2000	13,729	4,841	10,481	5,192	108.3
	2001	14,982	5,099	14,519	7,283	109.4

出所：表 2–1 に同じ。なお，「労働生産性」は従業者 1 人当たり付加価値で，「｛医業収益－（材料費＋経費＋委託費＋減価償却費＋その他の費用）｝／従業者数」で計算される。

えれば、黒字病院は収益額を規定する患者数（客数）と患者平均単価（客単価）の両面で赤字病院を上回る一方、最大費目の人件費額を規定する患者一〇〇人当たり従事者数では下回るわけである。機能や立地条件等の差異から単純な比較・評価は難しいものの、基本的にマネジメント水準・力量の差は反映していよう。

表2–5は同じく「損益状況からみた生産性（一般病院）」である。従事者一人当たり年間医業収益および労働生産性で黒字病院が赤字病院を常に凌いでいる点が注目される。

ここであらためて表2–2の三つの利益率指標中、医業収益対医業利益率における黒字・赤字病院間格差が三指標における同格差のなかで最大である点に注目したい。これは民間企業での営業利益率すなわち「本業そのもの」の収益性に相当するが、医業外収益・費用や特別損益を加えた他の二指標における格差よりも「本業そのもの」の収益性における格差が大きいことは、「本業そのもの」におけるマネジメント水準の格差を反映するものとして注目される。

以上、収益性とその前提を併せてみれば、あくまで「平均像」としてではあるものの黒字・赤字病院間の収益性における差は「人件費抑制」の成否にのみよるのではなく、然るべき収益確保を前提にしつつ原価管理や生産性向上等を含むマネジメント力全般の水準に大きく規定されていることが読み取れよう。

3 調査事例にみる民医連事業体のマネジメント水準

この点で民医連事業体をみた場合、とくに赤字法人やいわゆる「要対策法人」についてはいくつか看過できない問題が残されているように思われる。具体的内容は前掲の別稿に譲るが、日本生協連医療部会「要対策基準」や全日本民医連「要対策一〇項目（ないし一一項目）」（表2-6参照）の相当数項目に「抵触」して上部機関との対策協議を余儀なくされた事業体のなかには、たとえばT保健生活協同組合のように、何年にもわたって人件費率が六〇％台という「危険水域」にあるにもかかわらず幹部職員の認識はまだ甘く危機感の薄いことが指摘されたものもある。筆者らは二〇〇二、二〇〇四年に同生協のヒヤリングを行った。そこでは、人件費率が全国的にも最高水準にあり賃金切下げを正面から考えざるを得ないとの認識はあるが、職員数が多い原因については医事課の仕事のあり方が一つの問題で、業務を細分化してそれぞれに担当者を決めるとその担当者以外には内容がわからなくなり、業務増加に応じて担当者が増えることはあっても減らない結果になったことや、新規事業展開で人は増えたがそれに見合う収入の増加はなかったことなどが説明された。全体として業務の効率化や人員削減等の課題を本格的に追求してこなかったことが挙げられ、経営管理人材の育成方針も確立しておらず場当たり的な人材配置が進められる状況であったし、理事会も経営について以前は事務局まかせで報告を受けるにとどまっていたという。

表 2-6 「要対策10項目」と「要対策11項目（案）」

〈改訂前〉	〈改訂案〉
要対策10項目	**要対策11項目（案）**
①経常利益で単年度３％以上の赤字	①経常利益で単年度赤字
②３年連続赤字決算	②２年連続赤字決算
③外来患者件数対前年比マイナス	③外来患者件数対前年比マイナス
④医業収益対前年比マイナス	④事業収益対前年比マイナス
⑤（人件費＋材料費）対医業収益比85％以上	⑤（人件費＋材料費）対事業収益比82％以上
⑥設備関連費用〈減価償却＋リース料＋支払利息〉対医業収益比12％以上	⑥設備関連費用〈減価償却＋リース料＋支払利息〉対事業収益比12％以上
⑦流動比率90％未満	⑦流動比率100％未満
⑧借入金総額が年間収益の65％以上	⑧借入金÷事業キャッシュ・フローが10（倍）以上
	⑨フリーキャッシュ・フローが２年連続マイナス
⑨総資本回転率0.8回転以下（総資本回転率＝年間医業収益÷総資本）	⑩総資本回転率0.8回転以下（総資本回転率＝年間事業収益÷総資本）
⑩自己資本比率がマイナス（＝債務超過）	⑪自己資本比率10％以下

出所：根本守「連載 民医連新統一会計基準の実践のために 第８回（最終回）民医連要対策11項目（案）」,『民医連医療』第345号（2001年５月）59ページ。下線部分が改訂前と改訂案との相違点。医業収益と事業収益は単なる名称変更。

また、T勤労者医療会は二〇〇〇年度の経営結果が全日本民医連「要対策一〇項目」中五項目該当により「要対策法人」となった。そこでも人件費率は六〇％台と「危険水域」にあり、法人経営の現局面は一言でいえば「収益対人員のバランスが悪い」ということで、二〇〇一年度後半以降、予算実践上は人員・人件費を収益の実績に見合ったものにしていくことが中心課題とされた。ところで、ここではこの時期に、病院の保険請求でレセプトを手で繰り電卓で日数・点数を計算するという、医事コンピュータ導入以前のやり方がなお存在したことが指摘され、なぜこうした「無駄な仕事」が医事コン導入以降十数年来も行われてきたのか、これは例外で他にはこうした無駄はないのかが問題とされて、「今まで」をすべて見直したうえで「カイゼン運動」をスタートさせることが強調されている。

このほかにも、全日本民医連会長・経営委員長による各該当県連会長・経営委員長宛文書（二〇〇〇年度経営実態調査における『要対策項目』該当法人報告書提出のお願い」二〇〇一年七月二五日付）によれば、「要対策一〇項目」中五項目以上該当は一五法人で「深刻な経営危機の状態」、三―四項目該当は三七法人で「現状のまま推移すれば危機的状況に陥る危険があり」、一―二項目該当は七四法人で「経営バランス上の弱点」があるとされている。

4　利益率目標との関連でみたマネジメント課題と上記諸事例の「典型性」

もちろん、上記諸事例のみで民医連事業体のマネジメント水準を速断するのは要注意である。ただ、従来黒字を維持してきたとしても、それはマネジメント上の不備や弱点がなかったことを必ずしも意味しないであろう。従来は不備や弱点があっても、それが顕在化するとは限らない経営環境にあったともいえるからである。また、全日本民医連では一九九〇年の経営改善のための理事会声明発表以来、収益比で三%の利益（蓄積可能利益としての税引後の当期純利益。日本生協連医療部会では五%。税引後当期純利益三%確保には経常利益率で五%確保が必要ともいわれる。また自己資本比率目標は二〇%）達成を目標としているが[5]、黒字であってもこの目標値には遠く及ばない事業体も少なくないと推察されるからである。

三%の利益率目標の根拠については、技術革新と医療水準の確保、インフレーションへの対処、および経営の健全な保持の保険という三点にそれぞれ一%の利益の蓄積を要するとの考え方が示されているが[6]、それは患者本位の医療機関として安定的に存続するうえでいわば最低限の条件ともいえよう。現状ではインフレ対処を別にしても二％程度の当期純利益率が必要になる。表2－2における一九九九－二〇〇一年度の三つの利益率指標中最も低い総収益対総利益率（＝総収益対当期純利益率）は、黒字病院では五・〇－五・八％、全体でも三・四－四・六％の水準にある。[7]これらのデータおよび、低位ではあっても安定型とされる病院の事業特性に照らせば、とくに一％未満の利益率では黒字ではあっても真に患者本位の医療水準を今後とも担保しうるかどうか疑問であり、責任ある医療機関のマネジメントとしては問題を残しているとみられよう。その意味では、上記諸事例は民医連事業体中、とりわけ赤字法人や「赤字スレスレ」法人におけるマネジメント上の不備・弱点を「代表」するものであり、「例外」というより「典型」として捉える必要があるのではあるまいか。

なお、民医連事業体の賃金・労働条件については、二〇〇二年度の加盟法人別労働条件調査結果と厚生労働省「二〇〇二（平成一四）年度賃金構造基本統計調査」との職種別平均賃金比較によって、民医連のほうが年間賃金はすべての職種で厚労省調査を上回っているが、すべての職種の平均年齢が高く勤続年数も長いことから、給与体系上の個人レベルでは概ね同等の旨が説明されている。[8]しかし、経営上負担となるのは実際の年齢・勤続年数が反映する実際の人件費である。このことは、受診抑制＝患者減によっても減少しない固定費水準の高さを意味し、収益減少下では、経営上きわめて厳しい負担を強いるものとなろう。

以上に照らせば、民医連事業体経営において人件費管理の重要性はもちろんだが、より基本的にはそれを含むマネジメント（経営管理）能力の飛躍的向上が「長期的に闘える事業・経営体質」の確立という点で不可避・不可欠の段階に至っているのではないであろうか。

第三節　マネジメント強化の一環としての管理会計活用の必要性

1　民医連事業体における一九九〇年代の経営構造変化

その点で、民医連事業体経営の一九九〇年代以降の概況と問題・課題を確認する必要があろう。全日本民医連事務局次長の岩本氏は一九九〇・一九九八両年度の加盟全法人合計の比較損益計算書・貸借対照表に照らし、①赤字から黒字への改善という前進面（医業収益合計に対する経常利益率の一・八％に及ぶ改善。薬価引下げ・共同仕入前進等による材料費率の低下および支払利息率の低下と、人件費率・経費率の上昇の結果）、②主に外的要因に起因した改善という限界面（実質的に低金利による支払利息率の低下が大）、③課題としての事業活動による利益蓄積と自己資本増強（「事業活動での利益の蓄積による資本強化は未実現」）などを挙げている。(9)

2　民医連新統一会計基準の意義と限界

この変化を経て一九九九年には民医連新統一会計基準が策定された。その最大の契機は大規模法人である同仁会（大阪）の「前倒産」状態という経営危機の顕在化である。その背後には、一九八九年に策定された民医連統一会計基準についての基本的な理解不足と軽視に基づく退職給与引当金などの引当不足や未収金の処理など「発生主義原則を無視した我流の会計処理」があり、それが「真実の経営を反映しない決算書を生み出し、財政基盤の脆弱さを覆い隠し、当然の帰結として経営判断を誤らせる結果」を導いたという。そこで、新統一会計基準では税効果会計の導入や退職給与引当金から退職給付引当金への変更など二〇〇〇年度以降の日本の企業会計制度の様変わりへの対応と同時に、介護保険導入に伴う決算書式の変更、損益計算書・貸借対照表に次ぐ第三の決算書としてのキャッシュ・フロー計算書、および事業報告書の導入によって経営実態のより総合的な把握と経営の公開・透明性をいっそう高めるものとした。そこでは「真実の経営を反映する発生主義を貫徹したことが大きな特徴」とされている。[10]

ここで、発生主義会計の貫徹による「経営実態のより総合的な把握」とは、もちろん大企業の資本蓄積を推進した保守主義的会計思考・処理とまではいかないものの、基本的に経営の安全性確保のための「慎重な」会計思考・処理の必要性を提起したものといえる。岩本氏によれば「新統一会計基準の最大の特徴は『将来に矛盾を皺寄せする路線と決別する』という考え方」[11]にあるが、換言すればそれは、退職給付引当金や未払利息、減価償却費などを発生主義によって適切・着実に費用処理し、それに基づく利益の適切な算定（以前に比べれば「縮小表示」の傾向）によって経営・財務の実態を適切に表示し、将来の退職金や大衆債の元利支払、建物その他の更新等設備投資に必要な資金の安定的確保を図ることを重視するものであろう。発生主義会計の貫徹が利益のより適切な把握・表示（実質的には以前の〃大雑把で甘い〃表示に比べて〃縮小〃表示）を促進し、それが賃金・一時金や人員問題等における〃大雑把で甘い〃経営意思決定を避けて、より慎重・厳格な意思決定に導きうるという点では経営成績・財政状態の改善・向上にも貢献しうるものであり、新統一会計基準の基本的な意義はそこに認められよう。

しかし、財務会計基準は本質的には経営・財政状態の「把握」および、とくにその「表示」のあり方に焦点を当てるものであり、必ずしもその「改善」に直接の焦点を定めるものではない。将来の安全性・持続可能性・発展性の実質的保証となる「事業活動での利益」確保とその「蓄積による資本強化」＝自己資本充実についても、財務会計基準としての新統一会計基準の遵守は、収益が増加する状況下ではそれを可能にするが、そうでない状況下では利益の適切な「表示」を可能にするものの、その「改善・増加」の追求・実現を直接可能にするものとはなりえないであろう。その意味で、新統一会計基準にも財務会計基準としての基本的限界はなお残っているというべきであろう。

3 財務会計適正化による健全化の追求から管理会計活用によるマネジメント強化の追求へ

診療報酬のマイナス改定や受診抑制等は医療機関の経営に多大の困難をもたらしており、そのような外的条件による困難は一時的・短期的なものとは考えられない。「公的医療費抑制政策との闘い」は今日の医療機関にとって経営環境の改善という、いわば「戦略的マネジメント」の課題でもあり、民医連事業体の「優点」である「理念・運動面」のいっそうの強化による対応が求められる。しかし、厳しい状況下でも「長期的に闘える事業・経営体質の確立」を確実に図るうえで今日とくに求められているのは、内部マネジメント能力の飛躍的強化ではあるまいか。端的にいえば、新統一会計基準による適切な利益の「把握」・「表示」に基づく慎重・厳格な経営意思決定の「必要性認識」のレベルからさらに一歩踏み込んで、収益減少のもとでも二一世紀を展望して必要な利益を確保し資本の蓄積・充実を図ることを可能にする経営構造・経営体質の構築・確立、そのための総合的なマネジメント力量の向上が不可避になっているのであり、民医連事業体経営の現段階をその会計システム発展とのかかわりにおいてみる場合、管理会計の活用・展開はまさにそのような課題の中心に据えられるべきものの一つと考えられるのである。
次に、検討すべき管理会計の諸課題について、紙数制約上ごく簡潔に触れておきたい。

第四節　検討すべき管理会計の諸課題

1　当面する管理会計の諸課題

民医連事業体も経営体である以上、すでになんらかの管理会計的実践が展開されており、さしあたりは既存の実践についていっそうの改善を検討することが前提となろう。

一例として、最も基本的な予算管理については全職員参加の予算作成や中長期の医療・福祉構想、経営計画に基づく予算作成など、基本的な留意点が従来から指摘されているが、実践的に最も重要な課題として挙げられるのは、経営管理責任の明確化とそれに対応する厳格な業績評価・統制の貫徹ではあるまいか。民主的運営は不可欠であるが、それが「連帯責任は無責任」を伴うようでは、そもそも予算管理の意味をなさないからである。

その点は、最近あらためて強調されている部門別損益管理についても同様である。部門別損益管理は基本的には管理会計システムのベースをなす責任会計制度の具現化といえるが、それはまさに経営管理責任の明確化とその業績評価に焦点がある。民医連の病院一五〇強のうち部門別損益計算書を作成しているのは二〇〇二年時点でも三分の一弱にとどまるようであるが[12]、その原因の一つにこの「焦点」の不明確さがあるとすれば、民主的事業経営体としても多分に問題といわざるを得ない。民主的運営は個人の主体的参加すなわち責任ある参加（責任の分担）が前提であり、この前提を欠いては民主的運営に値しないからである。

なお、上記に関連して米国では「弱者救済のための無料医療の推進」などをミッションとする一方、その財政的保証を確立するために管理会計を含むきわめて厳格な経営管理システムを確立している宗教系非営利医療機関がある。そこにみられる「ビジネス・メンタリティを備えた非営利組織運営」については大いに学ぶべきものがあろう。(13)

2　検討・追究すべきマネジメントと管理会計の諸課題

次に、今後活用を検討・追究すべきマネジメントと管理会計の課題の一端に触れよう。

現在、医療機関に求められている基本的課題の一つは自院のミッションの明確化すなわち地域社会における役割の明確化、換言すればポジショニングの確立であろう。それは事業体の経営戦略策定に通ずるもので、それに関連して民間企業で注目されている思考・手法の一つにＳＷＯＴ分析がある。それは、事業・経営戦略策定に際し企業内外の環境分析を実施して、自社の強み（strengths）、弱み（weaknesses）、自社にとっての機会（opportunities）および脅威（threats）を分析・把握するもので、顧客のニーズ、競合他社の戦略などとの関係で自社の位置づけを明確にするものである。環境分析には外部環境分析（機会と脅威の分析）と内部環境分析（強みと弱みの分析）とがある。前者では事業体がその市場環境で利益を得る能力に影響を及ぼすマクロ・ミクロ両要因を分析し、成長のための新しい市場機会と売上や利益を低下させる脅威を分析する。後者では各事業体は定期的にマーケティング、財務、生産、組織等の観点から、自らの能力の強みと弱みを分析する。そして、内部環境分析で明らかにした自らの強みと弱みを、外部環境分析から判明した外部の機会と脅威に対応させつつ戦略の策定・展開を図るわけである。民医連事業体経営においてもその「優点」と「弱点」が分析されているが、それをポジショニングや経営戦略策定に、より意識的に結びつけて推進することが必要で、ＳＷＯＴ分析の創造的活用はその一助たりえよう。

併せて戦略策定・実行すなわち戦略マネジメントのシステムとして注目されているのがバランスト・スコアカード（balanced scorecard：ＢＳＣ）である。ＢＳＣは、①財務の視点、②顧客の視点、③内部業務プロセスの視点、④学習と成長の視点の四視点から、価値創造のために用いられる戦略に注目し、四視点それぞれについて目標（戦略的目標項目）、尺度（成果指標）、目標値、実施項目（具体的施策、行動計画、パフォーマンス・ドライバー等）を明らかにする。その最も注目すべき特徴は、事業・経営戦略を体系的に提示し、各部門・管理単位から最終的には諸個人に至るまでの業務目標と成果指標・先行指標等をそれらの因果連鎖を含めて明示することによって、管理者および諸個人が自らの業務のもつ戦略的位置づけを意識しながら遂行に当たりうるシステムである点にある。ＢＳＣを展開する事業体では五つの原則（①戦略を現場の言葉に置き換える。②組織全体を戦略に向けて方向づける。③戦略を全社員の日々の業務に落とし込む。④戦略を継続的なプロセスにする。⑤経営幹部のリーダーシップを通じて変革を促す。）が働いているといわれる。[14] 米国の医療事業体でも、また三重県立病院はじめ国内諸病院でも実施・試行されつつあるが、その中軸は「全職員参加の経営」を重視する民医連事業体においても大いに参考となろう。

さらにもう一点挙げるなら、患者本位の医療確保と原価低減推進との両立を図るという視点から、活動基準管理（activity-based management：ＡＢＭ）、総合的品質経営（total quality management：ＴＱＭ）およびトータル・コスト・マネジメント（total cost management：ＴＣＭ：総合的原価管理）などについても今後注目する必要があろう。ＡＢＭは、①活動分析、②コスト・ドライバー（原価作用因）分析、③業績分析の三ステップで実施されるが、そこでは顧客（患者）にとっての付加価値を生み出し事業体に利益をもたらす付加価値活動と、顧客の価値および事業体の業務活動にとって必ずしも不可欠ではない非付加価値活動とを分析・鮮明化し、後者を除去または変革することによって、顧客にとっての価値を低下させることなく原価低減を推進しようとするものである。医療における付加価値・非付加価値活動の分析・区分というのは「反発」される恐れもあろう。しかし、やや古い一例ながら、長瀬文雄氏（全日本民医連事務局次長・当時）は同仁会・耳原病院の再建過程で、それまで「申し送り」に一時間かけていた状況について「八人の人が日勤で申し送りに一時間かければ四八〇分のロス……。この時間をベッドサイドに、もっと患者のもとにすれ（ママ）ば四八〇分ベッドサイドに同じ人数でいける」とし、「いくつかの病棟ですでに申し送りを廃止」したことを挙げている[15]。真に「顧客の視点」（患者の視点）を貫くなら、患者本位の医療と原価低減の両立を図りうるマネジメント展開の余地はなお多分に残されているのではあるまいか。民医連関係者の間では近年、「カイゼン運動」の重要性もしばしば提起されるが、ＡＢＭはこうした取り組みをより体系的に推進・展開しうる可能性をもつものともいえよう。

民間企業の管理会計を含むマネジメント思考・手法が医療の世界でどこまで「通用」するかという問題は、そのこと自体の是非の評価を含め、なお議論の余地があろう。しかし、筆者がとくに強調したいのは、それらを単純に「拒否」あるいは「敬遠」するのではなく、それらのもつ積極的・進歩的な要素・側面等を柔軟かつ意識的・創造的に適用・活用する姿勢である。このことは民医連事業体においてのみならず、今日のあらゆる医療機関に強く求められていることであり、またそのような姿勢と努力は、株式会社の医療事業参入によって医療サービスの効率化が図れるとする議論の幻想性を明らかにする取り組みの一環にもなるものと考えられるのである。

（1）「全日本民医連第三六回定期総会運動方針」（以下、第三六期運動方針と略称）、全日本民医連ホームページ（http://www.min-iren.gr.jp/search/01syokai/koryo/housin36.html 以下、全日本民医連HPと略称）、三八／五六ページ（二〇〇四年五月一九日現在）。運動方針案段階では『民医連新聞』号外、二〇〇四年一月二二日付、一二ページ参照。なお、数値データは運動方針案に添付の「総会方針案の資料集」、『民医連新聞』同号外、および全日本民医連経営委員会「NPO法人・法人合併問題の基本的視点」、『民医連医療』第三五一号、二〇〇一年一一月、六〇、六五ページ。

（2）足立浩「『非営利・協同』の医業経営における管理会計活用の必要性」、『日本福祉大学 経済論集』第三〇号、二〇〇五年二月。

（3）全日本民医連、同前HP、七／五六、四六／五六―四七／五六ページ。同前号外、三、一五ページ。

（4）鷲見敏夫「病院経営の状況と医療労働者」、『医療労働』第四四五号、二〇〇二年一〇月、一六、二〇―二一、二七ページ。

（5）坂根利幸『民主経営の理論と実践』同時代社、一九九七年、一三四ページ。木村隆一「自己資本二〇%、経常利益率五%以上を目標（利益零は縮小再生産）――ある会計学者への説明メモ（その1）より」、『民医連医療』第三七八号、二〇〇四年二月、四六―四九ページ参照。

（6）落合広一（＝木村隆一）『改訂版 民主的医療経営 入門編』同時代社、一九九六年、三八―四七ページ。木村、前掲稿、参照。

（7）松原由美『これからの中小病院経営』医療文化社、二〇〇四年、一四四―一四六ページ。

(8) 富樫博之「二〇〇二年度法人別労働条件調査の結果について」、『民医連医療』第三七三号、二〇〇三年九月、五〇ページ。

(9) 岩本鉄矢「民医連経営の優点を生かした経営改善を」、『民医連医療』第三三三号、二〇〇〇年五月、一八―二一ページ。

(10) 全日本民医連経営委員会「民医連新統一会計基準の発表にあたって」、全日本民医連経営委員会編『民医連新統一会計基準』保健医療研究所、二〇〇〇年、二―三ページ。長瀬文雄「民医連における事務幹部の役割を考える(中)」、『民医連医療』第三四四号、二〇〇一年四月、四七―四八ページ。

(11) 岩本、前掲稿、二〇ページ。

(12) 二〇〇三年度第三回全日本民医連部門別損益管理交流会報告『二〇〇二年度部門別損益計算書の特徴点』二〇〇三年一〇月、一ページ。

(13) 足立浩「医療施設複合化の経営的・財務的効果の研究(1)―(3)」、『病院』第五九巻第一〇号(二〇〇〇年一〇月)、第五九巻第一一号(二〇〇〇年一一月)、第六〇巻第一号(二〇〇一年一月)参照。

(14) R. S. Kaplan and D. P. Norton, *The Strategy-focused Organization: How Balanced Scorecard Companies Thrive in the New Business Environment*, Harvard Business School Press, 2001, pp.7–17. 櫻井通晴監訳『キャプランとノートンの戦略バランスト・スコアカード』東洋経済新報社、二〇〇一年、二四―三六ページ。

(15) 長瀬文雄「民医連における事務幹部の役割を考える(下)」、『民医連医療』第三四五号、二〇〇一年五月、四八ページ。

第三章　現代的生活貧困と要介護高齢者の都道府県別中期予測

高橋紘一

はじめに

「貧困」というと、モノを買えない、お金がないというイメージがあるが、高度経済成長後の物質的には豊かになったかにみえる日本において、お金があっても貧困化するという新たな貧困、筆者が「現代的生活貧困」と名づけた貧困が、意識するとしないとにかかわらず、生活に浸透している。

お金の多少で測る貧困は一部の国民に限定されていたが、この「現代的生活貧困」は、国民すべてが陥る状況になっているというのが筆者の認識である。この認識は、一九九八年一〇月六日「社会福祉基礎構造改革――中間報告」において「社会福祉の目的は、従来のような限られた者の保護・救済にとどまらず、国民全体を対象」とされ、公的介護保険へとつながった。

この認識の国サイドのもとをたどると、一九九三年二月の「社会保障将来像委員会第一次報告」（以下「第一次報告」）の「貧困の救済と予防から国民全体の生活保障へと変容してきた社会保障は、全国民を対象とする普遍的な制度として広く受け入れられるようになっている」とし、「医療や福祉サービスなどの分野では、そのニーズがある者に対して所得や資産の有無にかかわらず必要な給付を行っていく必要がある」という文言に遡ることができる。

そして、一九九五年の社会保障制度審議会の「社会保障体制の再構築（勧告）」においては、この「第一次報告」の文言をそっくり引き継ぎ、行政などの一般認識となった。

しかし、いずれもなぜ社会保障・社会福祉が「国民全体の生活保障」へ変容したのか、その社会経済的背景についての分析は不十分である。つまり、お金だけをみれば、不自由しない、いや、大金持ちでさえも「生活保障」が必要になったということの理論的な説明はない。筆者の用語で言えば、すべての国民が「現代的生活貧困」に陥る可能性があるので、「国民全体の生活保障」が必要になったのである。それを理論的に説明するパラダイムが後述の「消費生活過程モデル」および「生産過程モデル」である。この両モデルを手がかりに、物質的に豊かになったがゆえに陥る貧困を理論的に説明してみたい。この状況を理論的に説明しないと、社会福祉の基礎構造改革を経て、福祉の供給主体として民間営利企業をはじめ多様な供給主体が参入してきた理由の説明がつかないし、その問題点も見えてこない。

次に、多様な福祉供給主体の福祉財・福祉サービスの供給過程を理論的に整理し、具体的事例として、訪問介護サービスの都道府県別事業体数を分析する。

そのうえで、二〇三〇年までの都道府県別の要介護高齢者および痴呆性高齢者から名称変更になった認知症高齢者数を推計し、なかでも八〇歳以上の認知症高齢者に対する介護保険三施設およびグループホームの必要数を都道府県別に予測してみたい。

第一節　現代的生活貧困について

筆者は、「貧困」を大きく三分類している。すなわち、「絶対的貧困」、「現金欠乏型貧困」、「現代的生活貧困」である。「現代的生活貧困」は、さらに第Ⅰ型から第Ⅷ型まで分類している。

この三つの「貧困」を、消費生活から見て統一的に説明できる理論モデルとして提起したのが、次の「消費生活過程モデル」である。まず、それから説明しよう。

1　消費生活過程モデル

いわゆる「生活」は、大きく労働生活と消費生活に分類できる。まず、消費生活における「物」を消費する場面を考えてみよう。たとえば、「おにぎり」という「物」を消費するという場合、感覚的には、目の前にあるおにぎりだけを消費すると思っているが、そうではない。おにぎりが存在するだけでは「消費過程」は進行しない。

図3-1のように、「消費過程」が進行するためには、消費物資だけでなく、地球など空間に代表される「自然環境」、「消費時間」、物についての「情報」が必要であるが、これだけでは「消費過程」は、まだ進行しない。「消費行為」が加わってはじめて「消費過程」が進行する。

図3-1の「消費生活過程モデル」は、この五つの投入要素が〈変換過程〉に投入されて、労働能力・生活能力そして生活環境が〈産出〉されるというモデルである。

図3-1　消費生活過程モデル

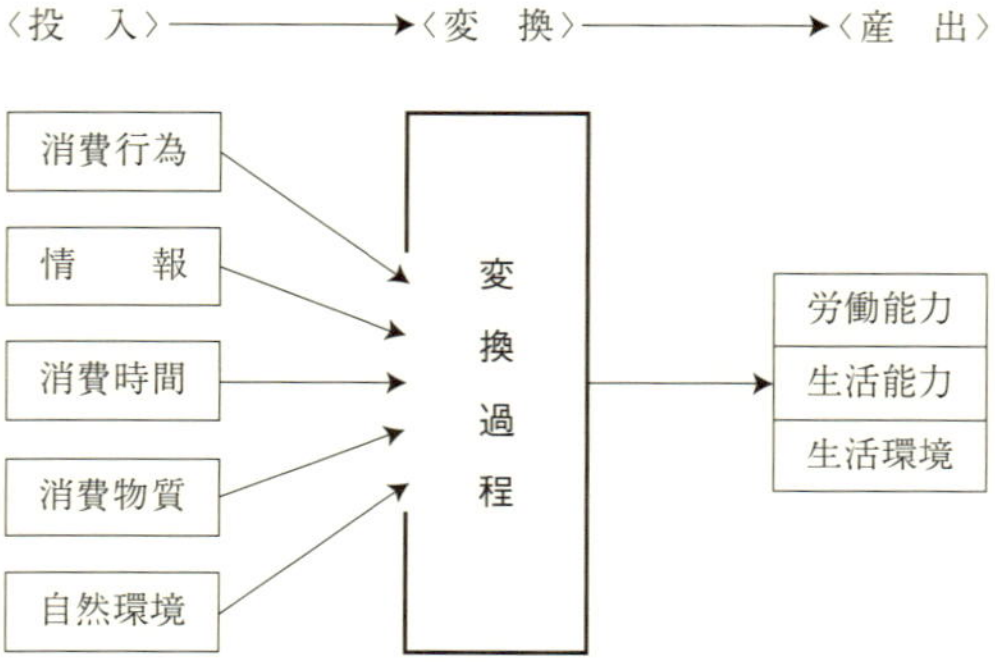

出所：高橋紘一「現代福祉論序説──基礎構造改革の「基盤構造」」，『週刊社会保障』法研，第2063号，1999年11月22日。

ここで「消費物資」といっているのは、もちろん、おにぎりのような単一の物のことではない。「消費物資」は大きく三つに分解できる。すなわち、個人用消費物資、家族共同消費物資および社会的共同消費手段である。

社会的共同消費手段は、さらに生活基盤系、教育・文化系、医療・保健系、社会福祉系などに分類できる。いわゆる社会資本のことであり、インフラストラクチャーの部分である。

おにぎりを食べるときは、感覚的にはおにぎりそのものだけを消費していると思いこんでいるが、社会的共同消費手段としての電気・ガス・上下水道・道路・情報通信網を消費しているし、住居などの家族共同消費物資も消費している。

ホームヘルパー等の「サービスの生産」は、このモデルにおいては図示されていないが、「消費行為」を「支援する行為」として位置づけられる。

2　絶対的貧困

「消費生活過程モデル」からみた「絶対的貧困」とは、五つの投入要素のすべてが貧困状態にあるケースである。地球的規模でみた場合、国連による次の記述のように、「絶対的貧困」は広範に存在している。

「世界の人口の最も貧しい二〇%あるいはそれ以上の人々が、この消費の爆発的な伸びから取り残され、一〇億人を優に超える人々が、基本的な消費需要すら満たせないでいる。途上国に住む四四億人のうち、約五分の三が基本的な衛生設備（汚水、排水、糞尿処理設備）を有しておらず、約三分の一が安全な水を利用できず、四分の一が適切な住居を持たない。また五分の一が近代的な保健医療サービスを受けることができず、子供たちの五分の一が五学年まで進級することができずにいる。約五分の一が食事から十分なエネルギーとたんぱく質を得ておらず、微量栄養素（微量でも生体機能の維持に必須な栄養素）の不足はさらにそれを上回る規模で広がっている。

また全世界で先進国の五五〇〇万人を含む二〇億の人々が貧血状態にある。途上国で、自動車などの動力による交通手段や通信設備、現代的なエネルギーが使えるのは、少数の特権階級のみである。

このように消費の不平等は顕著である。最高所得国に住む世界の人口の二〇%は、世界の全民間消費支出の八六%を占めているが、世界の最貧層二〇%は、わずか一・三%を占めるにすぎない。」(1)

日本においても「絶対的貧困」の事例がある。東京都「豊島区アパート餓死事件」である。

「一九九六年四月二七日、豊島区のアパートで七七歳の母親と四一歳の息子が栄養失調で半ミイラ化の状態で発見された。餓死である。（中略）生計費中の食料月額は一九九四年、九五年は三―四万円、九五年一二月頃からは二万円程度である。食べている物の内容は、駄菓子類がほとんどで、ふらつきや栄養失調からの下痢の繰り返しをしていた。入浴については、母親は一〇年、息子は一五年ほど入ったことがなく、母親の髪も一〇年ほど洗っていない。洗濯はここ七、八年ほどぜんぜんせず、ガスはお茶のお湯を一日二回ほど沸かすだけ、電気はまめ電球のみ」という生活が続き、その結果として餓死した。(2)

表 3-1　高齢者 1 人世帯（70歳女性）の最低生活保障水準
（生活扶助＋老齢加算＋住宅扶助）

1 級地-1	1-2	2-1	2-2	3-1	3-2
93,980	90,330	86,680	83,040	74,400	70,760

出所：『国民の福祉の動向』2003年版，厚生統計協会，より。

3　現金欠乏型貧困

「現金欠乏型貧困」とは、図3―1の「消費生活過程モデル」において、消費物資を購入する現金が不足しているために〈変換〉が円滑にゆかず、質的量的に劣る生活能力などが〈産出〉される状態のことである。

しかし、貧困線をめぐってはさまざまな議論がある。ここでは、日本の生活保護をうけるさいの貧困線を紹介しておこう。

被保護世帯に対して実際に保障される最低生活保障水準は、被保護者の年齢、世帯構成ならびに所在地などによって異なるが、二〇〇二年度における高齢者一人当たりの最低生活保障水準を示すと表3―1のとおりとなる。

4　消費生活過程における現代的生活貧困

筆者が定義する「現代的生活貧困」は、個人および家族用の消費物資が欠乏していなくても、他の要素、すなわち、自然環境、社会的共同消費手段、消費時間、情報、本人の消費行為、家族・親族・行政・企業などによる消費支援行為の質および量に問題がある状態で、変換過程に〈投入〉され〈産出〉された、質的量的に劣る「労働能力・生活能力・生活環境」のことである。[3]

次に、五つの投入要素に着目して、消費過程における「現代的生活貧困」を第Ⅰ型から第Ⅷ型まで八つに分類してみたい。[4]

①第Ⅰ型現代的生活貧困

現代的生活貧困のうち、第Ⅰ型現代的生活貧困とは、自然環境すなわち空気・水・空間・生物・地球・太陽（光）など、およびそれらの総体としての「自然環境」が、都市化・重化学工業化・（核）戦争などによる破壊・悪化によって〈産出〉される貧困のことである。この型の貧困は、貧富の差なく、すべての住民・国民にふりかかる。

②第Ⅱ型現代的生活貧困

第Ⅱ型現代的生活貧困というのは、投入要素である「消費物資」のうちの社会的共同消費手段の不足・利用抑制・劣悪なサービスなどによって〈産出〉される貧困のことである。

社会的共同消費手段は、生活基盤系（上下水道・道路・鉄道・電気・ガス・情報通信・公共住宅など）、教育・文化系、医療・保健系、社会福祉系に細分できる。

高齢者人口の増加、平均余命の伸長に伴って、後述のように、要介護状態、認知症の高齢者がますます増加すると予測されるが、介護保険施設・グループホームが不足するようなことになれば、第Ⅱ型の現代的生活貧困が大量に発生することになるだろう。

この型の貧困も、貧富の差がなく、すべての国民にふりかかる。そこで、介護保険施設・グループホームの二〇三〇年までの都道府県別必要数の試算を別項で試みてみたい。

③第Ⅲ型現代的生活貧困

第Ⅲ型現代的生活貧困とは、消費をする本人の消費行為（＝再生産行為）の弱体化・幼稚化・未成長・未発達・衰退・傷病・障害などに起因して〈産出〉される貧困のことである。この状態になると、消費物資の多少にかかわらず貧困化する。

例をあげると、金銭的に裕福な高齢者の場合を考えてみよう。いくつもの部屋がある住居に住み、家電製品がそろっており、冷蔵庫に食品が詰まっていたとしても、認知症・寝たきりなどになると、食べる・入浴する・排泄するなどの「消費行為」が不可能になり、貧困に陥るということである。

金銭的に豊かであっても貧困化する国民が大量に出てきたために、これらの人々を対象とした福祉サービスが必要になってきたのである。消費行為を支援するためのホームヘルプサービスがその典型である。

なお、消費物質の豊かさそのものと「消費行為」の問題などが複合するケースは、目に見えにくい貧困として第Ⅵ型に分類した。

④第Ⅳ型現代的生活貧困

第Ⅳ型は、消費主体に対する「家族員の消費支援行為」の質および量に問題（弱体化・幼稚化・未成長・未発達・衰退・虐待・障害など）が生じて〈産出〉される貧困のことである。典型的な例として老老介護・児童虐待・ドメスティックバイオレンス（DV）などをイメージすればよいが、こうしたケースも、現金があり物が豊富にあったとしても、貧困化する。

⑤第Ⅴ型現代的生活貧困

次に第Ⅴ型は、家族以外の外からの消費支援行為の不足・未整備・利用抑制などが要因となって〈変換〉が円滑にゆかずに〈産出〉される貧困である。家族の外からという意味で「社会的共同消費行為支援サービス」の質・量に問題が生じ、貧困化するケースである。

「消費行為支援者」としては、親族、隣人、NPO、ボランティア、国・地方自治体、社会福祉法人、企業などである。介護保険事業が始まるまでは、地方自治体が主体であり、「消費行為支援」として代表的なサービスがホームヘルプサービスである。この型の貧困も、貧富の差にかかわらず発生する。

二〇〇〇年四月からの介護保険事業においては、訪問介護サービスなど在宅福祉サービスの分野に、後述のように、民間企業をはじめ多様な供給主体が参入したが、供給するサービスの質・量によっては、この第Ⅴ型の現代的生活貧困が深刻化する恐れがある。

⑥第Ⅵ型現代的生活貧困

第Ⅵ型は、消費物資の大量消費が原因となって生じる貧困である。すなわち、個人的消費物資・家族共同消費物資の豊かさが原因となり、消費主体の「消費行為」および「家族員の消費支援行為」の弱体化・幼稚化・未成長・未発達・衰退・障害が進行して〈産出〉される貧困のことである。この第Ⅵ型がいわゆる〝モノがあふれている〟なかでの貧困であるから、「目に見えにくい貧困」になるのである。「お金」というモノサシで計ることが困難な所以である。

「消費物資」といっても、具体的には、戦後日本の高度経済成長のなかで開発された家族用・個人用の商品のことである。この過程は、多様な「家族機能の商品化」(5)の過程であり、商品化には「内部化」および「外部化」がある。

家族機能の「内部化」の具体例としては、たとえば電気釜・洗濯機・自動湯わかし風呂・電気掃除機などは、いわばＩＣチップのなかに家族機能を「内部化」したといえる。家族機能の「外部化」の例としては、各種の加工食品、コンビニ、各種の飲食店・外食産業などがある。

「家族機能の商品化」は、生活の利便性を高めるが、他方では、身体を使わなくなり、考えることも必

図 3-2　家族機能の分類

次元		対内的機能（家族内の個人に対する）	対外的機能（社会全体に対する）	
上部構造	派生機能	信　仰	（精神的・文化的）社会の安定化	
		娯　楽		
		休　息	（身体的・心理的）社会の安定化	
		保　護		
		教育・情報	文化伝達	
↑↓	固有機能	性・愛　情	性的統制	
		生殖・養育	種族保存（種の再生産）	
下部構造	経済機能（基礎機能）	消　費	労働力再生産（生活保障）	社会不安の防止
		養育・扶養		
		看　護		
		就　労	労働力の提供	
		生　産	社会的生産	

出所：大橋薫・増田光吉編著『改訂 家庭社会学』川島書店，1967年，25ページの「家族機能の様態」を組み換え，加筆・修正した。

要なくなるという「諸刃の剣」として機能する。この過程は、「家族内の人間関係」まで質的に変化させたのではなかろうか。つまり、家庭内用品の種類も少なく、多機能性を有していなかった時期には、その商品を消費するために、家族員の相互協力で補うことにより、自然に豊富な会話が生じ、濃密な人間関係が形成されてきたのではなかったか。

もちろん、この「家族機能の商品化」によって、主婦は家庭労働から解放され、職業に就いて経済的な自立を獲得したという側面もある。

⑦第Ⅶ型現代的生活貧困

第Ⅶ型は、消費過程に〈投入〉される「消費時間」の多少によって生じる貧困である。たとえば、購入した商品の消費時間の不足、二四時間都市化にともなう生活時間の不規則化・細分化などによって生じる現代的生活貧困である。福祉の分野でいえば、介護者の投じる時間量の問題である。

⑧第Ⅷ型現代的生活貧困

第Ⅷ型現代的生活貧困は、投入要素としての「情報」の質・量にかかわって生じる貧困である。良質・適切な情報が欠如していたり、不足していたり、遮断されたり、誤っていたりしていたために生じる「貧困」がある。特に、保健・医療・福祉情報の場合は深刻である。正確な情報を早く入手できるかどうかで、生命、健康、生活が大きく左右される。

最近では、インターネットによって、膨大な文字・図画像・音楽などのメディアが発信され、意味のある情報としてそれらを消費しきれないという貧困が生じている。

以上、現代的生活貧困を八つに分類したが、実際生活においては、いくつもの貧困型を同時に抱えて進行することはいうまでもない。

5　福祉サービス生産過程における現代的生活貧困

一つの福祉経営組織における福祉財および福祉サービスの生産過程は、いかなるシステムにおいても、図3-3のように〈投入〉→〈変換〉→〈産出〉という過程をたどる。

ここでは、この図をもとに、福祉サービスについて考察する。〈投入〉されるものは、自然環境・物資・生産時間・情報および生産行為の五つである。生産過程が進行するためには、この五つの要素がすべて同時に〈変換過程〉に〈投入〉されなければならない。「物資」というのは、電気・ガス・上下水道・情報通信などの「社会的共同生産手段」、建物・入浴設備などの「住宅・施設共同生産手段」、ベッド・車いす・食材などの「個別生産手段」に分類できる。

図 3-3　福祉財・福祉サービスの生産過程モデル

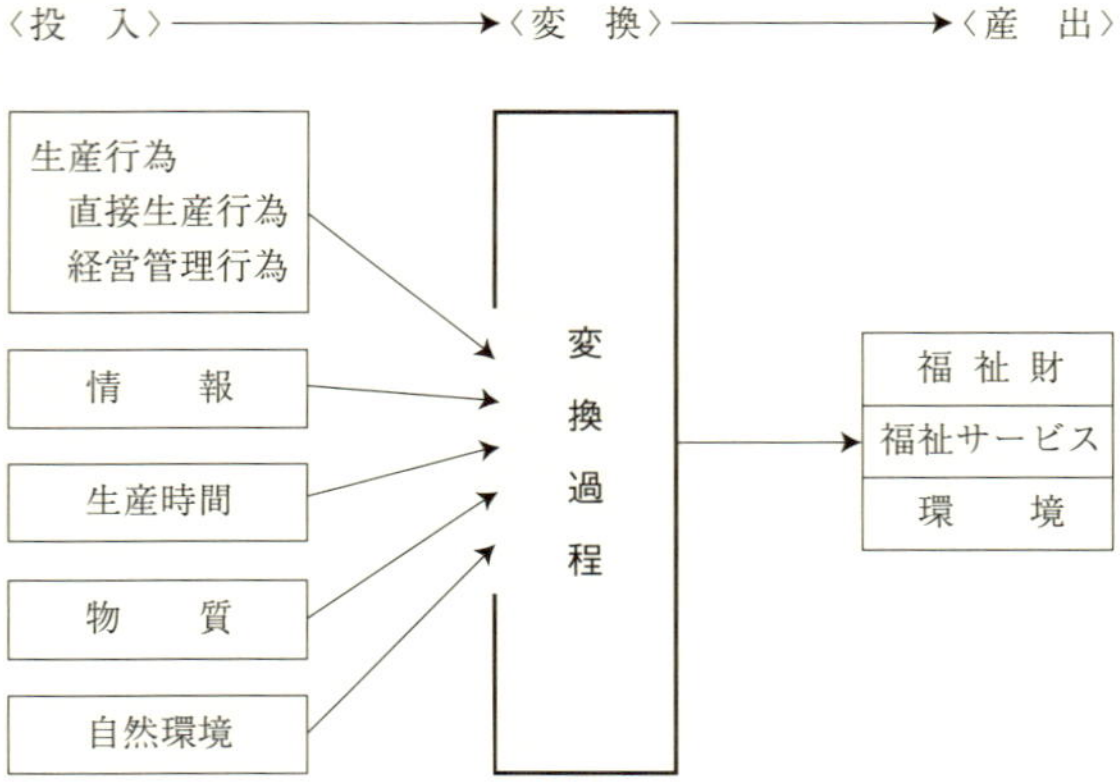

出所：高橋紘一作図。

「生産行為」は、直接生産行為と経営管理行為に分けられる。介護保険施設での具体例をあげれば、直接生産行為は介護サービスであり、その担い手はケアワーカーなどである。経営管理行為は説明するまでもないだろう。経営管理行為者としては、理事長、施設長、社長、事業所長、管理職などである。

施設・住宅における「生産行為」、たとえば食事介助の場合、そのサービス行為自体は無形であるが、空間、空気・水などの「自然環境」、電気・ガス・家屋・机・椅子・茶碗・箸・皿などの「物資」、「時間」、「情報」（好き嫌い、栄養情報など）を使わなければサービスは生産できない。

施設であろうと居宅であろうと、ヘルパーなど直接生産行為者は、労働力を消費することによってサービスを生産し、食事サービスの利用者は、そのサービスを消費して生活能力を再生産しているということである。消費者側からみると、そのサービスによって消費行為の支援を受けて生活能力を再生産している。いうまでもないが、顧客満足という場合、利用者（消費者）の満足であって、生産者が満足することではない。福祉財や福祉サービスの質を決めるのは、これらの五つの投入要素の質および量とその組み合わせにか

図 3-4　福祉財・福祉サービス生産者の属性

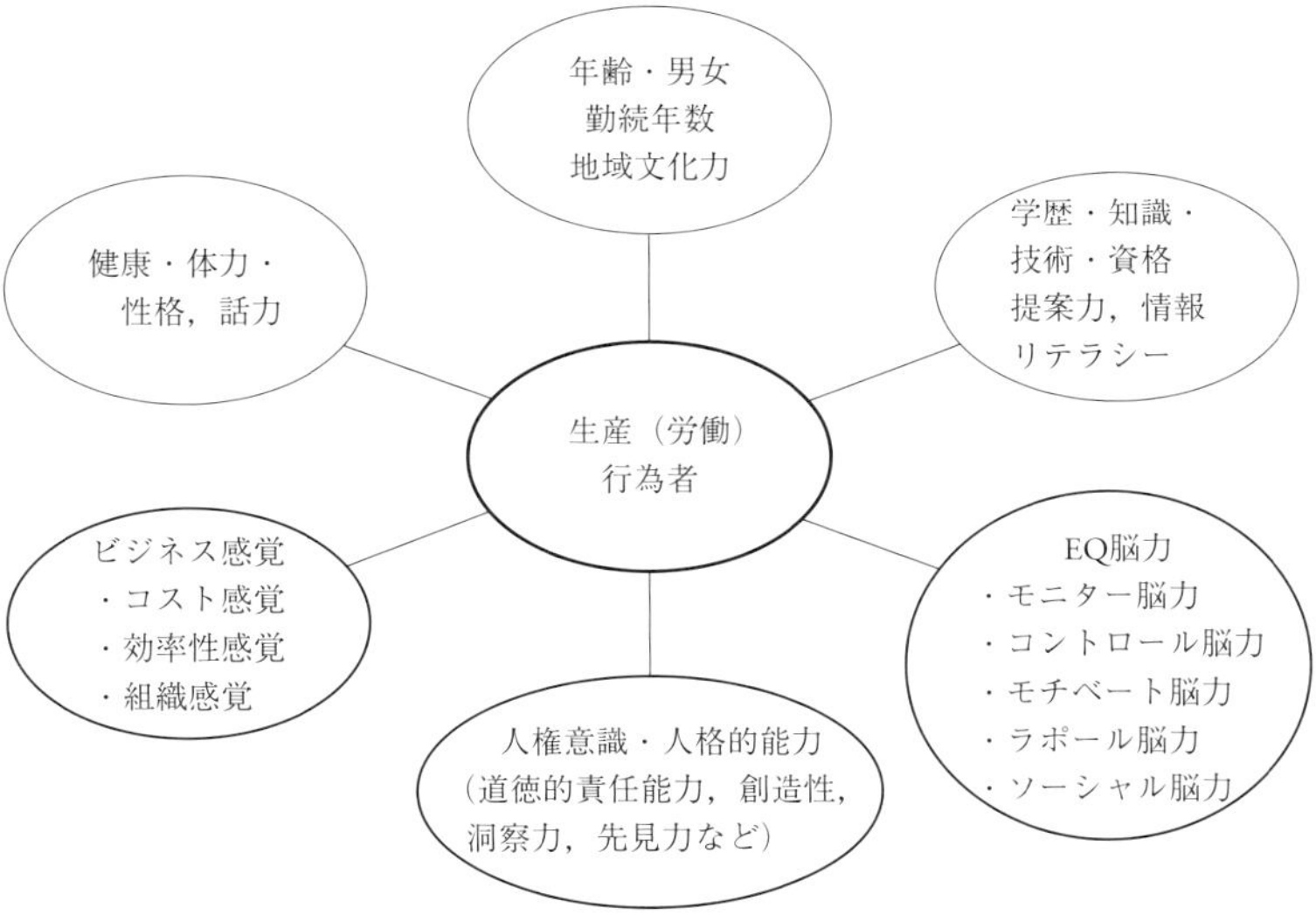

出所：高橋紘一作図。

かっているが、その組み合わせは生産行為によって行われる。逆に言うと、他の要素がそろっていても、生産行為がなければ〈変換〉は行われない。したがって、介護サービスなど福祉サービスの質を決定するのは、直接生産行為者および経営管理行為者である。

その場合、福祉サービスの質を決定する生産行為者の属性を考えると図3-4のようになる。図のEQ脳力[6]はさらに、モニター脳力――自分の気持ちを客観的に見ることができる脳力、コントロール脳力――嫌なことがあってもプラスに転じていける脳力、モチベート脳力――目標や夢に向かって突き進もうとする意欲、ラポール脳力――相手の気持ちを読み取って、同じ感情を共有できる脳力、ソーシャル脳力――挨拶を自分から積極的にしたりするコミュニケーション脳力に分けることができる。

この図から、二一世紀の福祉経営において求められる福祉人材は、これらの属性のバランス、特に人権意識とビジネス感覚およびＥＱ脳力の三者間のバランスのとれた人材であろう。

また、ＥＱ脳力と人権意識などを「福祉マインド」、ビジネス感覚を「ビジネスマインド」に分類すると、この両者のバランスのとれた生産行為をすることが、質の高い福祉財・福祉サービスを生産することになるだろう。

これら五つの投入要素の〈投入〉の質および量によって、第Ⅰ型から第Ⅶ型までの福祉財・サービスにおける現代的貧困が発生する。この分類は、生産過程モデルに〈投入〉する要素ごとにその特徴をみたものである。実際の生産過程における貧困は、投入要素が相互に関連し合い、複合化して〈産出〉される。

第Ⅰ型は、福祉財・サービスを生産する「場」の、空気・水・空間・生物・地球・太陽（光）などの自然環境が質的量的に劣悪なために生じる貧困である。一般的にいえば、施設や住宅の周囲の環境問題である。

第Ⅱ型は、福祉財・サービスを生産する「社会的共同生産手段」の不足・利用抑制・劣悪なサービスなどによって〈産出〉される貧困のことである。この場合の「社会的共同生産手段」は二つに分けられる。

一つは、福祉財・サービスを〈産出〉する「社会的共同生産手段」であり、具体的には、介護保険施設などの施設および在宅サービスを〈産出〉するグループホームなどの住居である。たとえば、介護保険施設における定員規模や設計の問題、ユニットケア、グループホーム、バリアフリー住宅などにおける問題群がここに入る。後述の第四節において、二〇三〇年までの認知症高齢者に対する介護保険施設・グループホームの必要量を推計してみたい。

二つめは、福祉財・サービスを生産する施設・住居などの「場」を支える生産基盤施設としての「社会的共同生産手段」である。具体的には、地域のおける上下水道・道路・鉄道・電気・ガス・情報通信、教育・文化施設、医療・保健施設などがそれである。

これらの「社会的共同生産手段」が質的量的に適切に〈変換過程〉に〈投入〉されないと、第Ⅱ型の現代的生活貧困が生じる。

第Ⅲ型は、在宅サービスおよび社会福祉施設・介護保険施設における介護支援者の質的量的に劣悪な生産行為が、〈変換過程〉に〈投入〉されて生じる貧困である。

第Ⅳ型は、在宅サービスのホームヘルパーおよび社会福祉施設・介護保険施設のケアワーカーに対する経営管理者の質的量的に劣悪な生産行為が、〈変換過程〉に〈投入〉されて生じる貧困である。

第Ⅴ型は、住宅や社会福祉施設・介護保険施設、グループホーム、有料老人ホームなどにおいて、質的量的に劣悪な福祉用具が〈変換過程〉に〈投入〉されて生じる貧困である。貧困とは逆の事例をあげると、東京都下の東久留米市で、介護保険サービスと要介護度の改善状況を調査したところ、福祉用具の貸与による要介護度の良化率が高いという結果がでている(7)。

第Ⅵ型は、〈変換過程〉に〈投入〉される「生産時間」の多少によって生じる貧困である。具体例をあげれば、在宅でいえばホームヘルパー、施設でいえば介護者などの介護時間が少なすぎることによって生じる貧困である。

第Ⅶ型は、質的量的に劣悪な「情報」が〈変換過程〉に〈投入〉されて生じる貧困である。この場合「情報」といっても、要介護者サイドの情報および福祉財・福祉サービス生産サイドからの情報がある。

この生産過程における「現代的生活貧困」は、貧富の差に関係なく発生することはいうまでもない。

第二節　多様な福祉供給主体の参入

現代的生活貧困に対処するために、従来の国や地方自治体、社会福祉協議会、社会福祉法人という公的な供給主体から、民間企業、非営利法人などが参入しているので、介護保険を中心に現状を分析し、それぞれの特徴と課題を分析する。

一般に、単に「財・サービス」といった場合には、人間の欲望を充足させるものすべてを言い、「財」は有形、「サービス」は無形（用益）であり、前述の〈投入〉→〈変換〉→〈産出〉というプロセスを経て生産された財・サービスのすべてが商品として提供されるとは限らない。特に「福祉財・福祉サービス」の場合は、商品としての福祉財・福祉サービスもあるだろうが、そうでない場合もある。要介護高齢者など最終消費者に売買をともなわずに福祉財・サービスが提供される場合がしばしばある。行政が無償で提供した場合、最終消費者が金銭で購入していないのであるから、その福祉財・サービスは商品ではない。最終消費者がその一部を負担するという場合もある。しかし、その福祉財・サービスを無償で提供した提供者（たとえば国・地方自治体など行政）は、商品市場からその福祉財・サービスを商品として購入している。

そこで、福祉財および福祉サービスが商品として提供される場合、そうでない場合を含めて、最終利用者（最終消費行為者）までのルートを描くと図3-5のようになる。

図3-5　福祉財・サービスの供給ルート

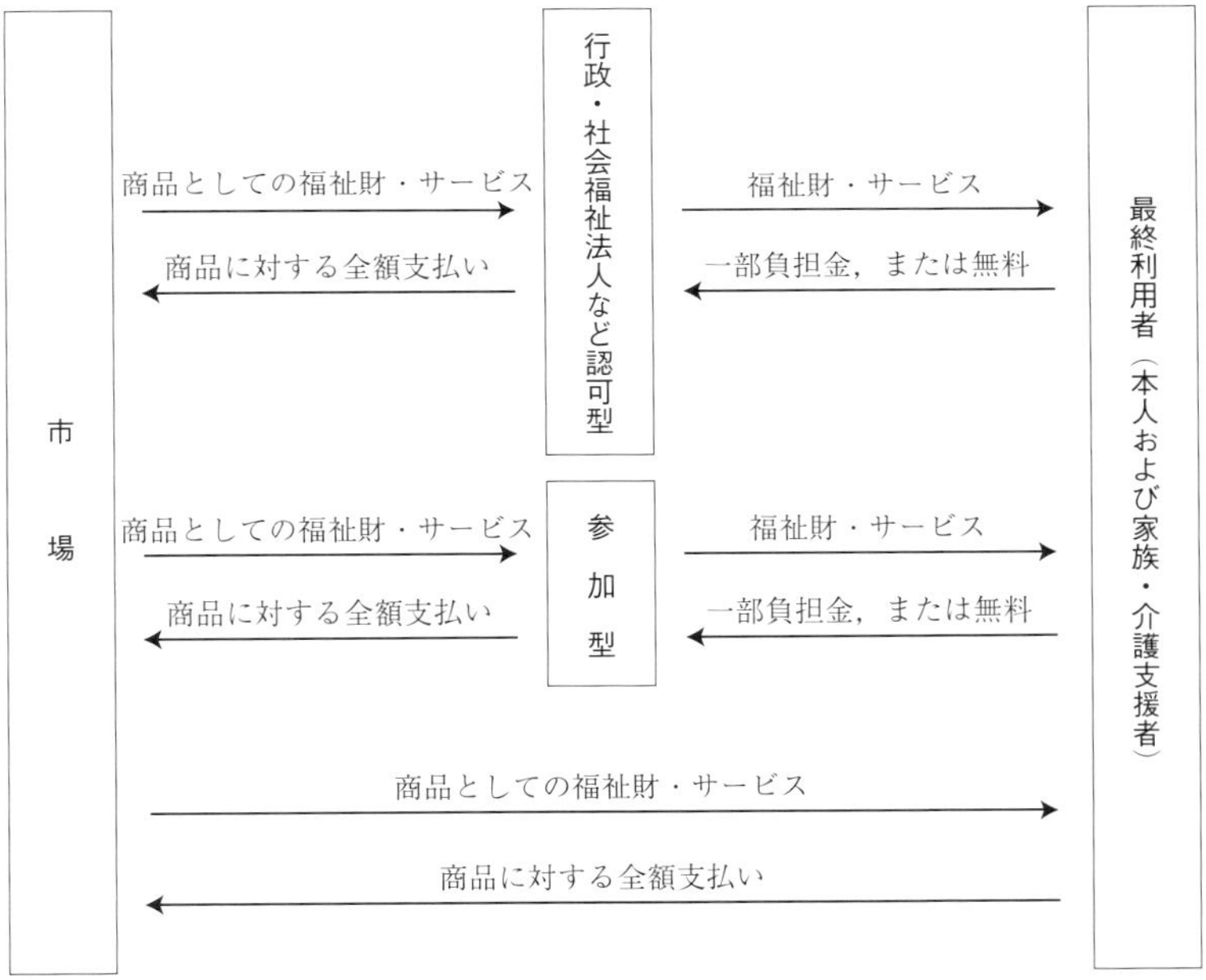

出所：高橋紘一「現代的生活貧困と福祉産業」，日本福祉大学『現代と文化』第107号，33ページ。

図の最終利用者（本人および家族・介護支援者）が、福祉財あるいは福祉サービスを消費する際に、市場から直接購入する場合と、地方自治体、社会福祉法人などの認可供給組織およびボランティアなどの参加型組織を通じて入手するルートがある。市場から直接入手する場合は、お金との等価交換であるから、商品としての福祉財や福祉サービスを購入している。

それに対して、最終利用者が地方自治体などから福祉財や福祉サービスを入手する場合は、無料あるいは一部負担であるから、商品としての福祉財や福祉サービスを購入したのではない。この場合を「疑似市場」という場合もある。

しかし、その最終利用者に提供する

福祉財や福祉サービスを行政等が入手する際は、商品としての福祉財や福祉サービスを購入していることになる。

そのほか、福祉サービスを直接生産して、最終利用者に提供する場合がある。たとえば、認可保育所である。この場合、福祉サービスを生産しているが、児童の保護者は、保育所のコストの一部を支払っているにすぎず、商品として生産しているとはいえない。

また、二〇〇〇年四月から介護保険制度が実施されたことによって、図3-5の市場、特に在宅介護市場には、民間企業、生協・農協などの協同組合、社会福祉法人、医療法人、財団法人、宗教法人、NPO・NGOなど、あらゆる組織が参入している。

その現状を「訪問介護事業」について都道府県別にみてみよう。

図3-6は、多様な主体が参入できる訪問介護サービスの都道府県別状況をみたものであるが、全国平均の割合が多い順番にあげると、一万二三四六事業所中、最も多いのは「営利法人」で三六・一%、第二位は「社会福祉法人」二二・三%、第三位は「社会福祉協議会」一七%、第四位は「医療法人」一〇・一%、第六位「協同組合」四・八%、以下「特定非営利活動法人(NPO)」三・九%、「地方公共団体」および「社団・財団法人」二・一%、「その他」一・五%である。

「営利法人」を都道府県別にみると、東京都が割合が最も高く六三・七%、第二位が千葉県五一・七%、第三位が愛知県の四九・二%、第四位が神奈川県の四八・九%であるが、他方、最も割合の低い県は、島根県の八・九%、鹿児島県の一一・七%、宮崎県の一四%などのように、「営利法人」は首都圏・大都市に集中し、過疎県での割合は低い。

図 3–6　都道府県別訪問介護事業の主体構成（2002年）

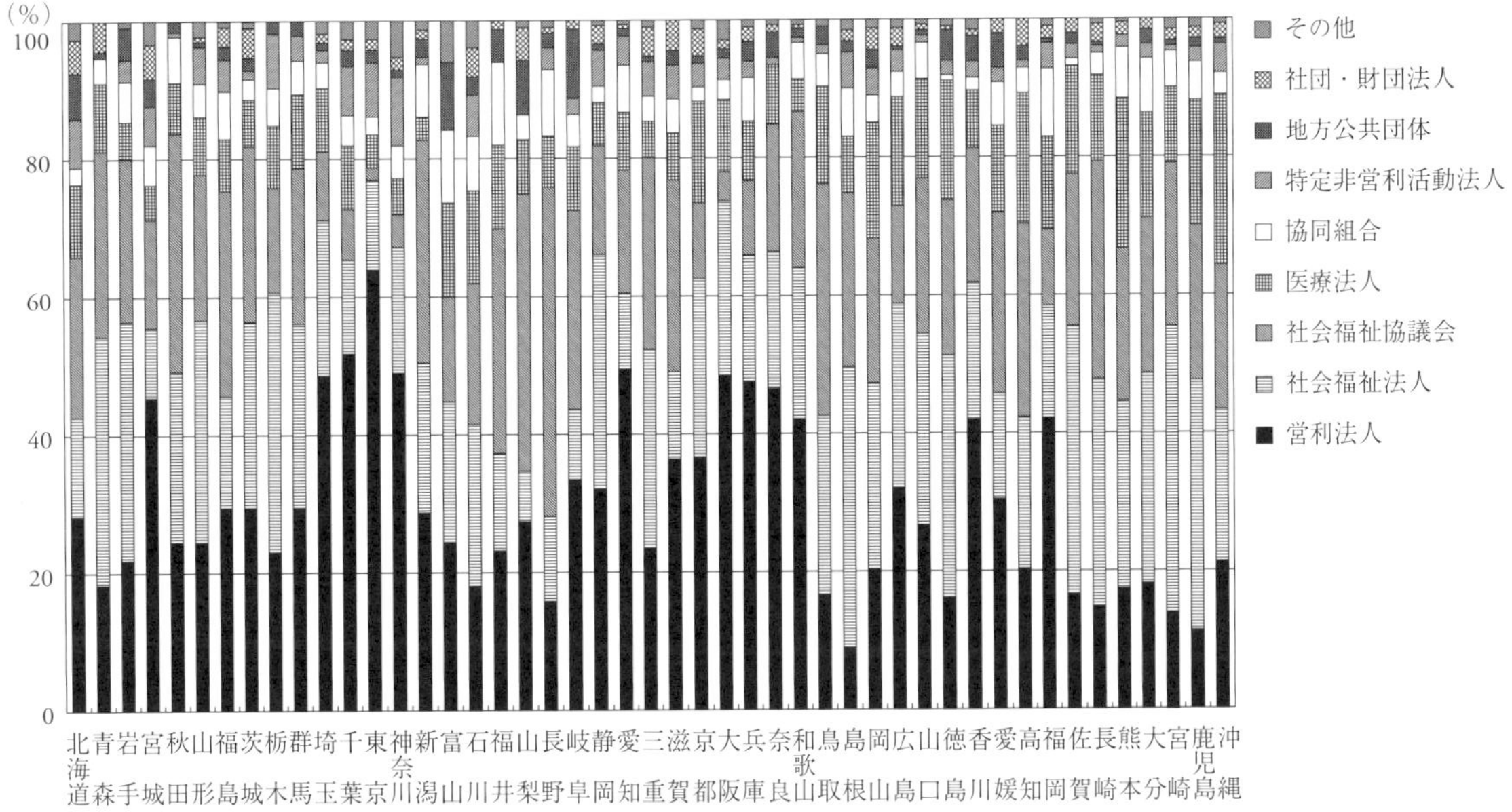

出所：厚生労働省『介護サービス施設・事業所調査』（2002年）のデータをもとに高橋紘一作図。

「社会福祉法人」の割合が最も高いのは、宮崎県の四一・九%、第二位が島根県の四〇・七%、第三位が佐賀県の三九・二%、低い県を見ると山梨県が七・八%、岐阜県が一〇・一%、宮城県が一〇・二%である。「社会福祉協議会」の割合が最も高いのは、長野県四七・四%、山梨県三九・八%、秋田県三四・三%、低いのは東京都一・八%、大阪府の四・〇%、神奈川県の四・四%である。「医療法人」の割合が最も高いのは、沖縄県の二四・七%、熊本県の二一・五%、高知県の一八・八%、低いのは新潟県の三・六%、東京都の四・七%、和歌山県の四・八%である。「協同組合」の場合は、最も高い県は、福井県の一二%、第二位が富山県の一〇・八%、第三位が福岡県の九・八%である。「NPO」の場合は、神奈川県が一〇%で最も高く、第二位が東京都の七・八%、第三位が栃木県の七・八%である。

第三節　都道府県別要介護高齢者の中期予測

高齢者人口の増加とともに、第Ⅲ型および第Ⅵ型現代的生活貧困、すなわち、収入の有無にかかわらず消費行為そのものに問題が生じて貧困化する国民が増加すると思われる。そこで、公的介護保険のデータを利用して、都道府県別に要介護高齢者数の中期予測、すなわち二〇三〇年までの予測を行ってみたい。

推計方法は、都道府県別将来推計人口に男女別・五歳階級別「認定」要介護高齢者の「出現率」を乗じて算出する方法である。

1 将来推計人口データについて

ここで将来推計人口は、財団法人統計情報研究開発センターよるデータである。まず、都道府県別の将来推計人口をみてみよう。表3-2がそれである。

日本全体としては、人口は二〇〇五年の一億二七四四万人から二〇三〇年の一億一八九四万人へと八五一万人減少するが、都道府県別にみると増加する県もある。千葉、神奈川、滋賀、兵庫、沖縄の五県である。ただし、合計特殊出生率次第によっては相当変動する可能性がある。

次に、二〇三〇年までの県別の高齢者人口の増加予測を概観してみよう。

図3-7は、都道府県別の六五歳以上高齢者の二〇〇五年から五年ごとに二〇三〇年までを描いた図である。二〇〇五年の段階で、高齢者が最も多い都道府県から並べ替えてある。

東京都・埼玉県・千葉県・神奈川県の四都県の二〇〇五年の高齢者総数は五九一万人で全国高齢者総数に占める割合、集積率は二三・四%であるが、二〇三〇年には八八六万人、集積率二六・七%まで上昇する。二〇〇五年から二〇三〇年の高齢者の増加数でも、神奈川県が約八〇万人、東京都が七七万人、埼玉県が七三万人、千葉県が六五万人、首都四都県合計で二九五万人増加し、全国の増加数七九二万人の三七・二%を占めている。一方、高齢者数が最も少ない島根県は、二〇〇五年から二〇三〇年までに、わずか二八人増加するだけである。

「高齢化率」を計算すると、二〇三〇年の段階での第一位は秋田県で三五・三%、第二位が北海道の三二・九%、第三位が山口県の三一・八%など、三〇%を超える道県は二一にのぼる。

表 3-2　都道府県別将来推計人口　　（単位：万人）

	2005年	2010年	2015年	2020年	2025年	2030年	30–05年
北海道	564	556	544	527	507	485	−79
青　森	146	143	139	134	128	122	−24
岩　手	140	138	135	131	128	123	−17
宮　城	239	239	239	237	235	232	−7
秋　田	115	111	106	100	94	88	−28
山　形	122	119	115	110	105	100	−22
福　島	210	206	201	194	187	179	−32
茨　城	300	299	296	291	284	275	−24
栃　木	201	200	198	194	189	182	−19
群　馬	203	203	200	197	192	187	−16
埼　玉	707	715	718	714	702	686	−21
千　葉	602	609	614	619	630	662	60
東　京	1,225	1,233	1,233	1,224	1,207	1,184	−41
神奈川	868	882	891	894	893	889	22
新　潟	244	239	233	225	216	206	−39
富　山	111	109	107	103	99	95	−16
石　川	118	116	114	112	108	105	−13
福　井	83	82	80	78	76	74	−9
山　梨	89	89	88	87	85	83	−6
長　野	222	221	218	215	210	204	−18
岐　阜	210	208	204	199	193	185	−25
静　岡	377	374	367	358	345	331	−46
愛　知	717	725	728	726	718	707	−10
三　重	186	185	183	179	175	169	−17
滋　賀	139	144	147	151	153	154	15
京　都	264	263	261	258	254	248	−16
大　阪	874	862	844	819	789	755	−119
兵　庫	569	581	591	600	607	614	45
奈　良	145	144	143	141	137	132	−12
和歌山	105	103	100	96	92	88	−17
鳥　取	61	60	59	57	55	53	−7
島　根	75	73	71	68	66	63	−12
岡　山	194	191	187	182	176	169	−24
広　島	286	282	277	270	262	252	−34
山　口	149	144	138	132	125	117	−32
徳　島	81	79	77	74	71	67	−14
香　川	101	99	97	94	90	86	−15
愛　媛	147	144	139	134	128	122	−25
高　知	81	79	77	75	73	70	−11
福　岡	507	509	508	505	499	491	−16
佐　賀	86	85	83	80	77	75	−12
長　崎	148	144	138	133	126	120	−28
熊　本	185	182	178	174	169	163	−22
大　分	120	118	114	110	105	100	−20
宮　崎	116	114	111	107	103	98	−18
鹿児島	177	173	170	165	160	154	−22
沖　縄	136	140	143	145	146	147	11
全　国	12,744	12,716	12,605	12,419	12,170	11,894	-851

注：人口推計は，（財）統計情報研究開発センター『市区町村別将来推計人口』2002年 2 月より作表した。

図 3-7　都道府県別65歳以上高齢者の予測（2005年から2030年まで）

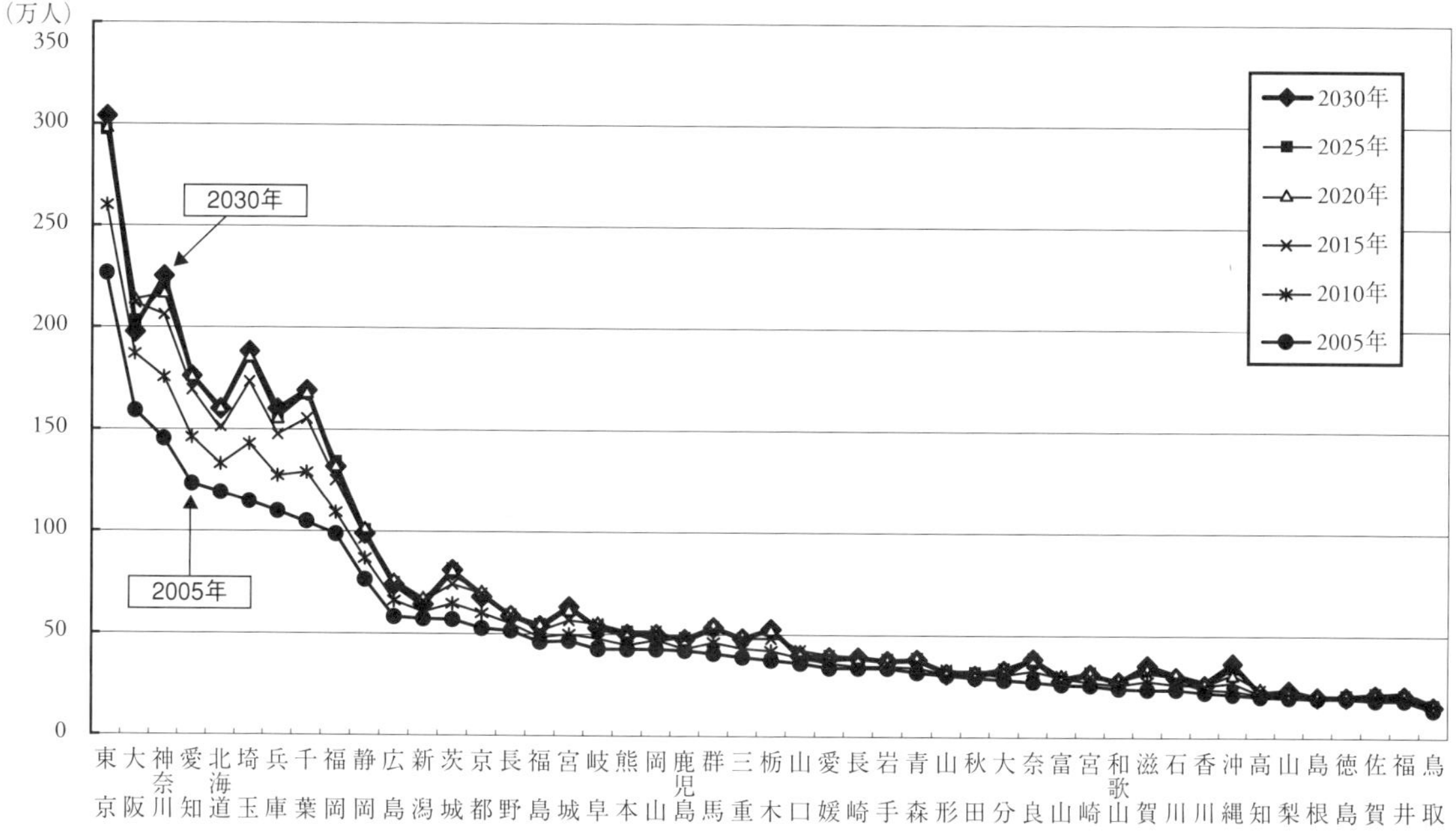

出所：高橋紘一作図，本文を参照されたい。

2 都道府県別要介護高齢者数の予測

介護保険者が三年ごとに策定する「介護保険事業計画」においては、五年先の要介護高齢者数を推定する。その推定に当たっては、前期高齢者、後期高齢者の二分類の「出現率」を用いているが、筆者は、男女別・五歳階級別の「出現率」を用いる。その理由は、保険者ごとに異なる高齢者人口構造を反映すると考えるからである。厳密にこの「出現率」を計算するためには、都道府県ごとに行う必要があるが、データを入手できないので、全国平均の男女別・五歳階級別出現率を計算して用いる。

しかし、中期予測には、次のような限界がある。まず、第一に、要介護高齢者数の予測のベースとなる将来推計人口データは、人口推計予測時点での数値であるということである。過去のデータを利用しているために、大規模な災害や、大規模な開発など予想できなかった事象が生じた場合には、予測数値に大きな影響を与える。「一・二九ショック」のような合計特殊出生率が仮定値よりも大きく下回った場合の影響も大きい。また、地方自治体の場合、経済成長・地域の開発・大規模災害等による転入・転出などの人口移動もある。

また、要介護高齢者の「出現率」も、すべての要介護高齢者が要介護認定をうけているわけではない。認定をうければ要介護とされるであろう高齢者は潜在化している。

つまり、基礎となる人口推計も要介護者の出現率にも限界があるということをご承知おきいただきたい。ここで用いる要介護高齢者の「出現率」は、要介護者であると「認定」された高齢者の「出現率」である。介護保険サービスの男女別・要介護度別・五歳階級別受給者数の統計も、同時に公表されているが、「認定」ベースのほうがより介護を必要とする高齢者の実態に近いと思われるので、認定ベースの出現率を用

表 3-3　男女別・5 歳階級別・要介護度別要介護認定高齢者出現率
（2004年 6 月現在）　　（単位：%）

		要支援等	要介護 1	要介護 2	要介護 3	要介護 4	要介護 5
男性	65～69	0.32	0.91	0.58	0.47	0.42	0.38
	70～74	0.80	1.96	1.21	0.98	0.88	0.81
	75～79	2.03	4.24	2.38	1.98	1.81	1.61
	80～84	4.03	7.99	4.16	3.47	3.10	2.64
	85歳以上	5.47	13.51	7.67	6.73	6.26	4.87
女性	65～69	0.59	1.12	0.44	0.32	0.28	0.30
	70～74	1.90	2.97	1.01	0.75	0.67	0.70
	75～79	4.53	6.83	2.25	1.76	1.58	1.62
	80～84	7.91	13.96	5.13	4.12	3.90	3.79
	85歳以上	5.93	17.03	9.29	8.72	9.62	9.44

注：出現率の計算は，国立社会保障・人口問題研究所の2002年 1 月発表の中位推計をもとにした。
2004年分介護保険認定者数は，2004年 6 月分の「認定者・受給者」（http://www.kokuho.or.jp/）より。

いることにした。表3−3がそれである。以下、要介護高齢者とは、認定ベースの要介護高齢者のことである。

この認定者ベースの出現率に、前述の都道府県別高齢者人口予測数を乗じて、二〇〇五年の段階において最も人数が多い順番に並べ替え、二〇三〇年まで描いたのが図3−8である。

要介護高齢者数は、二〇〇四年六月時点では三八三万人である。筆者の推計では、二〇〇五年に四〇〇万人を超えて四二八万に、二〇一〇年五〇八万人、二〇二〇年六五二万人、二〇三〇年七四三万人で、二〇〇五年の一・七倍になるという予測結果となった。

都道府県別にみると、東京都が二〇〇五年の三七万人から二〇三〇年には六二万人へ一・七倍の増加であるが、神奈川県は二二万人から五一万人へ二・三倍の増加となり、二〇二五年には大阪府よりも多くなる。

東京都・神奈川県・埼玉県・千葉県という首都圏を合計してみると、二〇〇五年の九二万人から二〇三〇年には一九四万人へと二・一倍の増加となる見込みである。この首

図 3-8　都道府県別65歳以上要介護認定高齢者の予測（2005年から2030年まで）

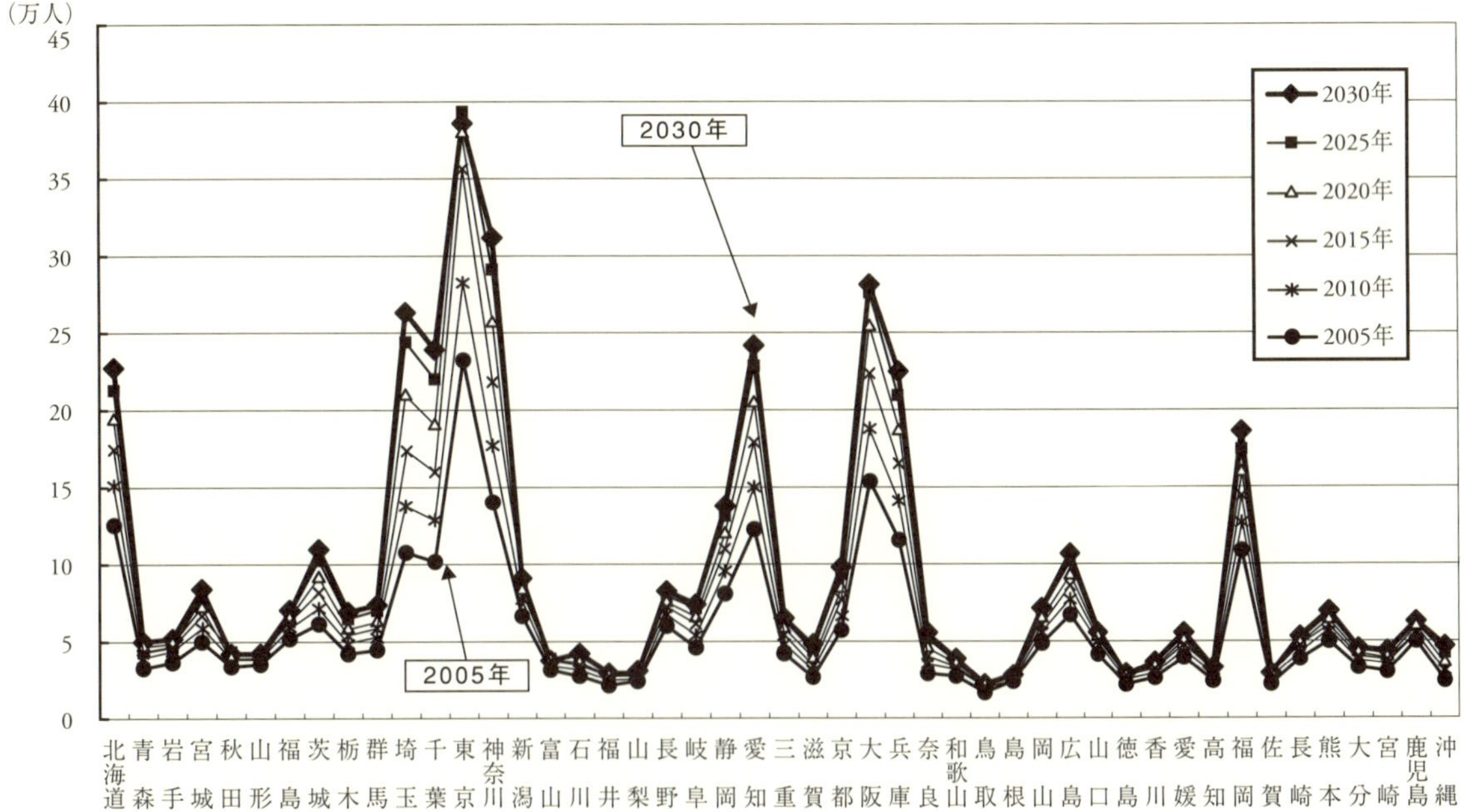

出所：高橋紘一作図，本文を参照されたい。

表 3-4　認知症高齢者の出現率（在宅＋入院＋施設）　（単位：%）

	65～69歳	70～74歳	75～79歳	80～84歳	85歳以上	平　均
男　性	2.1	4.0	7.2	12.9	22.2	5.8
女　性	1.1	3.3	7.0	15.6	29.8	6.7
平　均	1.5	3.6	7.1	14.6	27.3	6.3

出所：厚生省「老人保健福祉計画策定に当たっての痴呆性老人の把握方法等について」1992年 2 月。

都圏における要介護高齢者の全国合計の要介護高齢者に占める割合を「集積率」とすると、二〇〇五年は二一・五%であるが、二〇三〇年には二六・一%まで上昇する見込みである。この間、愛知県は四・五%から五・三%へ、京都府・大阪府・兵庫県の関西圏は一二・一%から一三・二%へと上昇するという見込みとなった。

他方、二〇〇五年から二〇三〇年間において、最も要介護高齢者の増加数が少ないのは、島根県と鳥取県で一万人以下の増加にとどまっている。一万人から二万人未満の要介護高齢者数の増加は、徳島、山梨、富山、佐賀、山形、高知、福井、秋田、香川、和歌山の一〇県である。

3　都道府県別認知症高齢者数の予測

都道府県別認知症高齢者の中期予測にあたっては、二〇〇五年から五年ごとに二〇三〇年まで、都道府県ごとの男女別・五歳階級別推計人口に、旧厚生省が一九九二年発表した「老人保健福祉計画策定に当たっての痴呆性老人の把握方法等について」における表3-4の認知症高齢者の「出現率」を乗じて算出した[8]。

この「出現率」を用いた全国合計の認知症高齢者数の予測結果は、二〇〇五年の一九九万人から二〇三〇年は三四九万人へと一五〇万人の増加で七五・四%増である。図3-9は、二〇〇五年の段階で、都道府県別で認知症高齢者の最も多い順番に並び替え、その順番で五年ごとに二〇三〇年までを描いたものである。

図 3-9　都道府県別65歳以上認知症高齢者の予測（2005年から2030年まで）

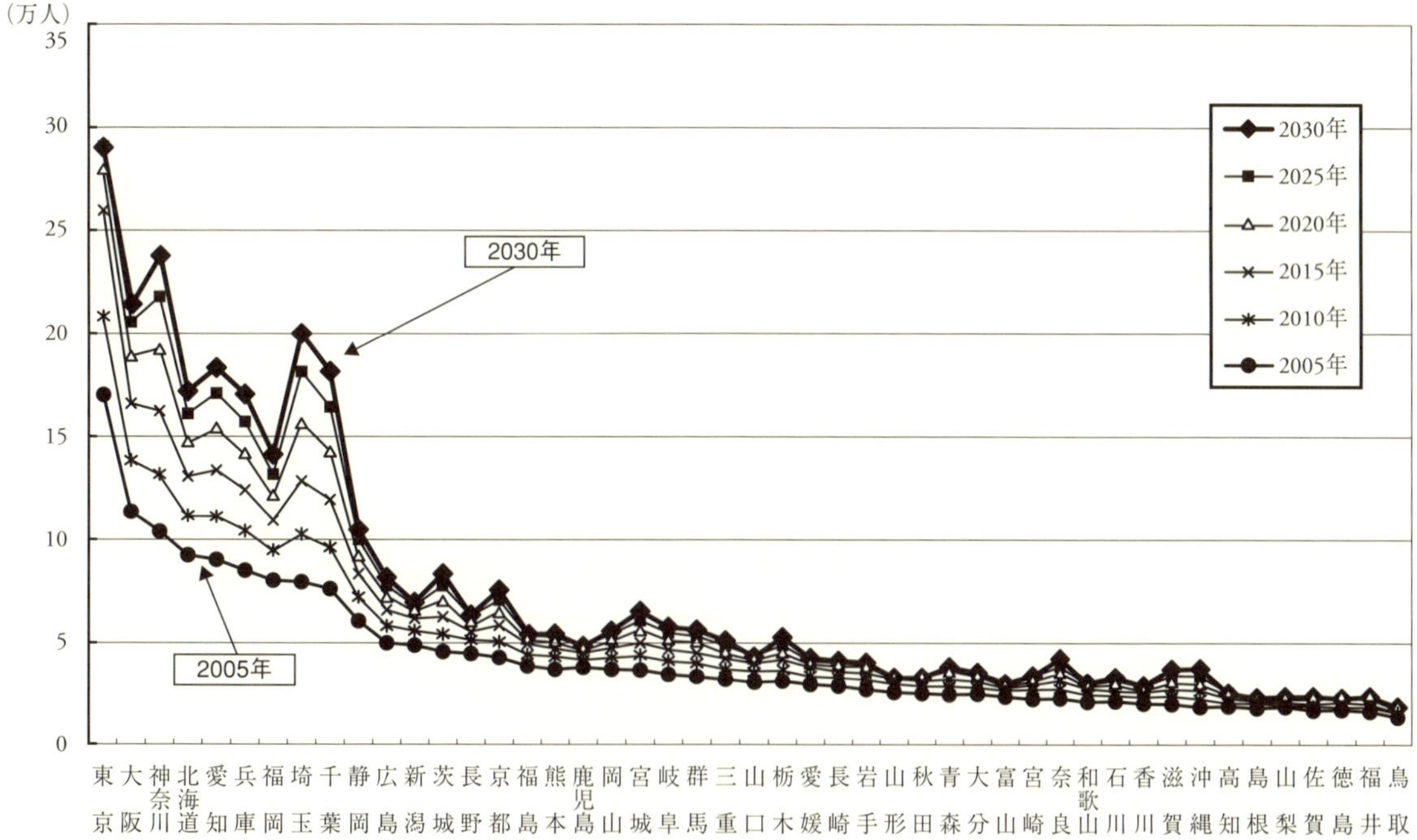

出所：高橋紘一作図，本文を参照されたい。

都道府県別では、二〇〇五年の段階で認知症高齢者が最も多いのは東京都の一七万人、以下、大阪府の一一万人、神奈川県の一〇万人であるが、二〇三〇年になると第一位はやはり東京都で一二万人七〇・八%増になり二九万人、第二位は入れ替わり神奈川県で一三・四万人一二九・四%増の二四万人、第三位は大阪府の一〇万人八九・四%増の二一・四万人である。

前述の要介護高齢者と同じく、大都市部とくに首都圏への認知症高齢者の集積が進むと予想され、二〇〇五年段階では、東京都・埼玉県・千葉県・神奈川県の四都県の認知症高齢者の合計は四三万人・集積率二一・六%であるが、二〇三〇年になると四八万人増の九一万人・集積率二六・一%となる推定結果となった。この間の認知症高齢者の増加数をみると、神奈川県が一三・四万人と全国で最も多く、東京都の一二万人よりも多い。

首都圏、愛知県、大阪府、兵庫県の認知症高齢者の合計で見ると、二〇〇五年には七二万人で集積率三六・一%であるが、二〇三〇年では二倍強の一四八万人・集積率四二・四%まで増加する見込みとなった。

図3−10は、二〇三〇年における都道府県別・男女別・五歳階級別認知症高齢者の予測図である。八〇歳以上の認知症高齢者が大量に出現することがわかる。

八〇歳以上女性認知症高齢者が六五歳以上女性認知症高齢者に占める割合が最も高いのは、京都府の八三・六%、以下、山口県、広島県、岡山県、大阪府と続き、愛知県は一六位の八二・三%、平均値は八一・八%、最下位は東京都の七八・七%のように、約八割前後が八〇歳以上ということである。

同じ割合を男性について見ると、最も高いのは京都府の六八・六%であるが、第二位は意外なことに東京都の六八・四%、以下、大阪府、千葉県、広島県、埼玉県、神奈川県と大都市の割合が高く、それぞれ

図 3-10　2030 年の都道府県別・65歳以上男女別・5 歳階級別認知症高齢者の状況

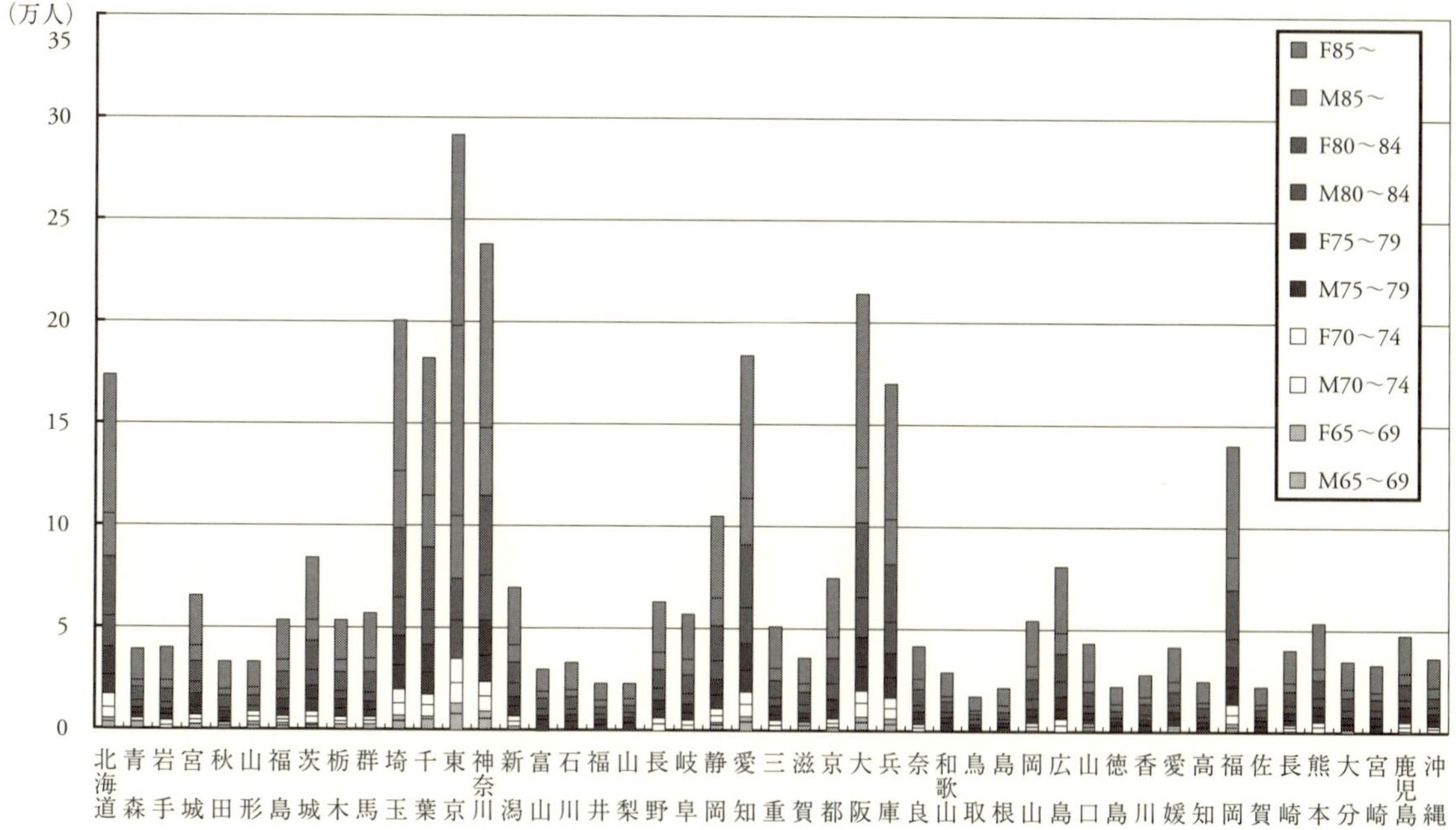

出所：高橋紘一作図，本文を参照されたい。

六七％台となっている。

都道府県ごとにその特徴をよく見極め、グループホームを含めた在宅中心で対策をたてるのか、介護保険施設、病院、有料老人ホームなど施設に重点をおくのか、多様な組み合わせが考えられるが、早め早めに対策を立てることが必要であろう。

第四節　都道府県別介護保険施設・グループホーム必要数の予測

ここでは、認知症高齢者に関連する介護保険施設・グループホームについて、中期的な必要数を予測してみたい。「現代的生活貧困」というお金があっても陥る高齢者層を救済するための介護保険施設・グループホームの二〇三〇年までの五年ごとの必要数を推計してみたい。

この場合「必要」といっても、潜在的な需要見込みであり、介護保険三施設とグループホームの「合計の必要数の見込み」であることに注意されたい。なお、グループホームは周知のように、介護保険上は居宅サービスに分類されているが、自宅から離れて集合的に居住しているのであるから、準施設として位置づけた。

まず、二〇〇二（平成一四）年における全国合計の介護老人福祉施設（特別養護老人ホーム）は三三万九一六床、介護老人保険施設は二五万四九一八床、介護療養型医療施設は一三万七九六八床、合計七二万三八〇二床で、六五歳以上人口に対する割合は三・一％である。グループホームの利用者は二三万八八八

図 3-11　80歳以上認知症高齢者に対する介護保険施設およびグループホームの需要予測

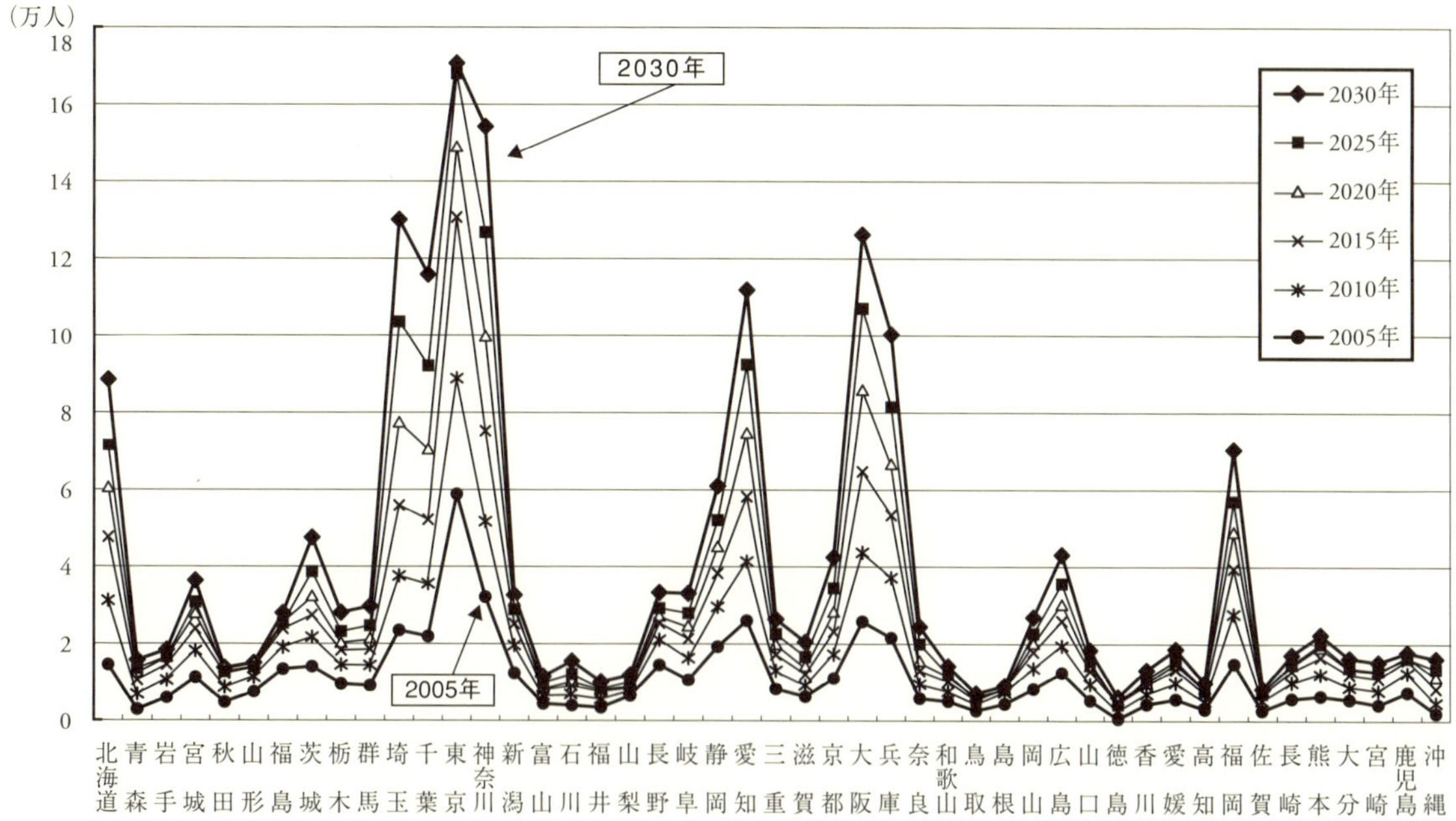

出所：高橋紘一作図，本文を参照されたい。

人で、六五歳以上人口に対する割合は〇・一％である。介護保険三施設とグループホームの合計（これを「施設定員数等」とする）では、七四万七六九〇床になり、六五歳以上人口に対する割合は三・一六％である。(9)

次に、この「施設定員数等」の、筆者が推計した二〇〇五年の八〇歳以上認知症高齢者数に対する割合をみると、全国平均では五九・二％であるが、都道府県別にみると格差が大変大きく、徳島県の九四・九％から、山梨県の四四・三％までである。

以上のような、二〇〇二年の状況を基点として、二〇〇五年から五年ごとに二〇三〇年までの介護保険三施設およびグループホーム合計の必要数の予測を行った。その方法は、八〇歳以上の認知症高齢者全員が介護保険三施設とグループホームに入所すると仮定した場合の人数から、二〇〇四年の「施設定員数等」を差し引くという方法である。つまり、二〇〇五年以降に、どのくらい施設等が必要になるかという予測をしてみた。

その結果が、八〇歳以上については図3-11である。前述のように、認知症高齢者数の将来予測に限界があるので、おおよその目安として理解していただきたい。しかし今後、介護保険施設あるいはグループホームの整備を急がなくてはならない地域は、東京都、埼玉県、千葉県、神奈川県などの首都圏、愛知県、大阪府、兵庫県、広島県、福岡県、北海道であることは明らかであろう。

（1）国連開発計画『人間開発報告書――消費パターンと人間開発』一九九八年版、古今書院、二ページ。
（2）河合克義「政策がつくりだす貧困と社会的孤立」、『住民と自治』一九九六年九月号。なお、その後日記が出版された。『池袋母子餓死日記――覚え書き全文』公人の友社、一九九六年。

(3) なお、宮本憲一が定義した、新しい貧困という「現代的貧困」は、「社会的共同消費手段」の貧困のことであるが、筆者の場合は、それを後述のように第Ⅱ型の現代的生活貧困としているように、筆者の場合は、いわば現代の生活に深く浸透している貧困を総合的に分析しているので、「現代的生活貧困」という用語を用いている。なお、所得によって「貧困」を測ってもみても、所得が本当の貧困を表わしているとは限らないことを明らかにした、一九九八年ノーベル経済学賞を受賞したアマルティア・セン(Amartya K. Sen)の「潜在能力(capability)アプローチ」と筆者の「消費行為アプローチ」との相違は、拙論「現代的生活貧困と福祉産業」、日本福祉大学福祉社会開発研究所『現代と文化――日本福祉大学研究紀要』第一〇七号、二〇〇二年、所収)を参照されたい。

(4) 現代的生活貧困の分類は、高橋紘一著『現代都市の福祉行財政』時潮社、一九八五年において提起し、数度の修正を行っている。この時点では「現代的貧困」を使用。

(5) 詳しくは、拙稿「家族機能の商品化と日本型福祉社会論」、国民生活センター『国民生活研究』第二一巻第三号、一九八一年一二月を参照されたい(のち、拙著、前掲『現代都市と福祉行財政』に所収)。

(6) EQ脳力については、津田妙子『EQ活用ビジネス成功術』日刊工業新聞社、一九七七年。

(7) 『都政新報』二〇〇三年八月二九日号。

(8) 詳細は、拙稿「痴呆性高齢者の中期予測と福祉産業」、日本福祉大学『経済論集』特別号、二〇〇四年を参照されたい。

(9) 厚生労働省『介護サービス施設・事業所調査』(二〇〇二年)より。

第四章　特別養護老人ホーム（介護老人福祉施設）の事業経営

新谷　司

はじめに

老人介護の施設サービスを提供する施設として措置時代には特別養護老人ホームと呼ばれ、介護保険時代には介護老人福祉施設と呼ばれる施設（以下、特養と呼ぶ）がある。この特養のほとんどは四人部屋中心で数十人から百人単位の集団処遇を行う施設であり、全室個室・少人数ユニットで個別ケアを行う新型特養と対比させて従来型特養ともいう。この特養の設置主体、運営主体の約九割は社会福祉法人という民間法人が占める。しかし社会福祉法人等の民間法人が設置する特養の約三割は私的医療機関（病院・診療所・医師会）により直接的または間接的に設置されている。本章の課題は、措置制度と介護保険制度における特養（特養を経営する社会福祉法人を含む）の事業経営の特質を明らかにすることである。最初に措置制度と介護保険制度における特養の会計と監査に焦点をあてて、その事業経営の特質を明らかにする。次に措置制度と介護保険制度における特養のより広範囲に及ぶ事業経営の特質を特養の経営実態調査に関する主な先行調査から明らかにし、自己の研究関心（特養の事業経営について総体的にかつ個別具体的に明らかにする方法を考えること）と先行の研究成果に基づいて、その調査の意義と問題点を検討する。

第一節　措置制度から介護保険制度への移行と特養および社会福祉法人における会計の変化

1　措置制度と特養およびそれを経営する社会福祉法人の会計

戦後日本の社会福祉制度の中心であった措置制度（一九四九年成立）では、公の責任を前提に福祉施設の入所・利用の仕事を社会福祉法人に委託する道を開く。この委託費（措置費）は常勤職員の配置基準等の最低基準を維持して提供するサービスの対価である。特養を経営する社会福祉法人は当該法人の設置・運営基準や特養に関する設備・運営基準等に準拠して経営を行い、その基準への準拠に関して都道府県市の行政監査（後述）を受ける。厚生省は一九六〇年代から一九七〇年代前半に職員の配置基準を順次改善し、措置費の人件費積算に公務員人事院勧告のベア水準を反映させていく。民間施設の措置費不足に対処するため厚生省は公私格差是正の民間施設給与費等改善費（以下、民改費と略称）を民間施設の人件費等へ加算する。[1]民間施設の措置費不足を解消するため、民改費という全国レベルの人件費等加算のほかに、特定の都道府県・市町村は公私格差是正のため独自に人件費加算を設ける。一方、施設の措置費過剰を抑制するため厚生省は、一九七一年以降、期間剰余金または引当金繰入を含む当期繰越金が当期収入額の五％を超過する法人に収支計算分析表を提出させ審査することとし、一九七六年に「高額繰越法人」（施設の累積引当金を含む繰越金が当期収入額の半額を超過する法人）に対し翌年度から民改費交付を停止する通知を行う。厚生省は、当初積算基礎と連動させて措置費支出の使途を制限し、施設に入金される措置費収入額を増減させて措置費収支の均衡を促し、操越金を抑制する方針を採る。

ただし厚生省は、一九七〇年前半から措置費収入はそのままで措置費の弾力的使用や繰越金の弾力的使用（ただし適切な施設運営が要件）を認める通知を発出し、人件費・事業費（入所者生活費）抑制と繰越金拡大の道を開く。一九七四年一〇〇号通知、一九八一年一七五号通知では施設運営費の大半を占める措置費を構成する事務費（「人件費」と「管理費」）と「事業費」の三費目間での流用、民改費の管理費加算分の本部会計繰入等が認められ、一〇〇号・一七五号の改訂版の一九八七年一一号および一九八八年八号では、運営費の繰越を繰越金という形だけでなく人件費引当金（累積で当期人件費支出の六ヵ月分限度）、修繕引当金（累積で一〇〇〇万円限度）、備品等購入引当金（累積で一〇〇〇万円限度）という形でも認め、当該引当金の目的外使用も認めている。一一一号・八号の改訂版の一九九三年三九号および四〇号では修繕引当金および備品等購入引当金の限度額を二五〇〇万円まで引き上げている。一九六六年厚生省通知以降、一定の条件を満たす場合に職員の非常勤化が認められていた。賃金水準引下げ、職員数抑制、職員の非常勤化は人件費を削減する。公務員給与に準じた職員給与支給よりも法人・施設の財務状況または経営方針に基づく職員給与支給を選択する法人も出てくる。支出の大半を占める人件費支出の圧縮が繰越金拡大に最も貢献しうる以上、人件費支出管理は福祉施設の経営管理の要である。事業費を全額執行しない場合にも繰越金が蓄積される。この状況のなかで人件費支出や事業費支出等を削減していく法人が出てくる。

福祉サービスの整備として特養には巨額の補助金が注がれるため、一部の施設および法人は補助金を巡り利権の巣窟となる。一九九一年厚生省通知により社会福祉施設等施設・設備整備費の国庫補助は当該費用の二分の一を国が、四分の一を都道府県がそれぞれ負担する。このほか、特定の都道府県や市町村では施設整備の借入金に係る元金償還金の補助や借入金の支払利息補助を独自に行ってきている。

措置費を受け取る施設・法人に対し厚生省は、一九七六年に各法人・施設で適用される会計基準として収支計算をベースとする「経理規定準則」を通知する。この基準は本部会計と施設会計（社会福祉事業会計）を独立させ、本部会計は施設整備に係る財産の取得・維持と本部の経営活動の経費等を扱い、施設会計は措置費や自治体補助金等の運営費収入とその使途が制限された支出等を扱う。流動資産および流動負債を資金概念とした収支計算書と流動資産と流動負債の差額を純財産の区分の繰越金とし、固定資産と固定負債の対照勘定を純財産の区分に計上するという特殊な貸借対照表（貸借対照表を費用・収益による利益計算［損益計算］に役立つ補助的手段と捉える見方の下での貸借対照表［動態論的貸借対照表］ではない貸借対照表）を決算書類としている。費用・収益概念および損益計算書が存在しないため、たとえば費用の認識基準としての発生主義を採用しない。ただし減価償却を認めていないのはこの発生主義を採用していないからではなく、むしろ減価償却の自己金融効果により法人が公費で設備投資資金を留保することを禁止したためである。引当金の概念規定は示されていないが、発生主義を根拠とする引当金（修繕引当金、退職給与引当金）と発生主義を根拠としない引当金（人件費引当金、備品等購入引当金、特定引当金）を負債区分に計上し、一方、別の通知では施設会計の人件費引当金・備品等購入引当金・修繕引当金を実質的な繰越金（純財産区分）と位置づけている。

2　介護保険制度と特養およびそれを経営する社会福祉法人の会計

一九七〇年代から措置費収入をそのまま措置費の使用や繰越金の使用を弾力化させる通知が出され、一九八〇年代から措置費国庫負担が漸次的に削減され、二〇〇〇年から老人福祉事業の一部（特養事業等）が措置制度から介護保険制度へ移行する。措置制度では介護サービスの供給責任・財政責任・運営責任が公的機関にあり、利用者負担は応能負担である。介護保険制度ではサービスの供給責任がサービス費用の給付責任・補償責任に縮小し、保険方式の導入により財政責任の範囲が縮小し、運営責任が公的機関以外の営利企業等にもあり利用者負担は応益負担である。(2) この制度の変化は社会保障における構造改革の具体化の一例である。

措置制度下の特養は措置費単価に月初在籍利用者数を乗じた前払いの措置費収入を受け取り、措置費支出の使途が制限されていたが、介護保険制度下の特養は入所者の要介護度による介護報酬単価に利用実績を乗じた後払いの介護報酬を受け取り、支出の使途に関する制限が撤廃される。社会福祉法人の法人審査基準や特養の設備および運営の基準が改定され、特に後者の基準の職員配置基準が緩和されて常勤換算方式となり、常勤職員数の抑制や非常勤職員の導入を促す規定となる。職員の給与水準は法人・施設に委ねられる。職員数抑制・賃金水準引下げ・職員の非常勤化は人件費を削減する。措置時代に受け取っていた都道府県・市町村からの人件費補助金、借入金元金償還金補助金、支払利息補助金は廃止され、その増収効果は漸次的に消滅する。介護保険導入で特養では減収になるという予測調査も出てくる。費用のなかで最大の割合を占める人件費の圧縮が利益拡大に最も貢献する以上、人件費管理は依然として福祉施設の経営管理の要である。この状況のなかで人件費等を削減する法人が出てくる。一方、特養に減収をもたらすと見込まれた介護保険制度が実際には特養に大幅な増収をもたらす。また介護保険導入に伴い特養および社会福祉法人は新たな収益源を求めて訪問介護、居宅介護支援事業等を併設する特養が出てくる。特に居宅介護支援事業は独立採算が困難とはいえ、特養事業等の介護事業の営業部門として要介護者の囲い込み拠点となる。

介護保険導入に合わせ特養に適用される会計基準として二つの会計基準が通知されるが、いずれも従来の会計基準と大きく異なる内容となる。二〇〇〇年二月に厚生労働省社会援護局（以下「社援局」と略称）はすべての社会福祉法人に適用される会計基準として損益計算をベースとする「社会福祉法人会計基準」（以下「会計基準」と略称）を通知する。この基準では法人と施設（社会福祉事業）を一体化して一会計単位（ただし法人と各社会福祉事業を区分する内訳計算書あり）とし、決算書類は証券取引法適用会社（上場株式会社等）に主に適用される企業会計審議会の前身機関公表の「企業会計原則」に準じた損益計算書（正式名事業活動収支計算書）と貸借対照表（動態論的貸借対照表）、そして従来の収支計算書同様、流動資産および流動負債を資金概念とする資金収支計算書(従来の収支計算書とは会計単位や様式等が異なる)の三つとする。発生主義に基づき減価償却を認めているが、補助金部分に対応する減価償却費は費用計上できない。「企業会計原則」と同様の引当金概念規定（当期費用発生主義、将来費用発生当期原因発生主義、保守主義といった根拠の異なる引当金を容認）を導入している。従来、負債として位置づけられた施設会計の三種類の引当金（人件費引当金・修繕引当金・備品購入等引当金）は利益からの分配分として設定する積立金として純資産に区分される。

二〇〇〇年三月、厚生労働省老人保健福祉局（以下「老健局」と略称）は介護保険事業者の介護報酬改定

のための会計データ収集を目的に、介護保険事業者に対して適用される会計基準として損益計算ベースの「指定介護老人福祉施設等会計処理等取扱指導指針」（以下「指導指針」と略称）を通知する。この基準は特定の介護事業所を一会計単位（当初法人本部設定を予定していなかったが、現在では本部と各介護事業を区分する内訳計算書あり）とし、決算書類を「会計基準」とほぼ同様とする。この時点で特養（介護保険事業施設）を経営する社会福祉法人は当該施設に「会計基準」と「指導指針」の二つを適用することとなり、ダブルスタンダードの状況になる。この二つの会計基準は日常の会計処理等においてまったく同一の基準ではないため、二〇〇〇年四月に二つの基準の調整に関する事務連絡が「老健局」・「社援局」連名で通知されるが、結局二つのいずれの基準も利用できるという二局連名の通知が初年度決算日三ヵ月前の二〇〇〇年一二月に通知される。日常の会計処理をめぐり混乱する現場が出てくる。

特養の場合、「経理規定準則」による二〇〇〇年三月末の期末貸借対照表を「会計基準」または「指導指針」による二〇〇〇年四月一日の期首貸借対照表に移行するため、一定の移行処理が必要になる。特に純資産の諸項目に関する移行処理では、当初「指導指針」（二〇〇〇年三月通知）による移行処理、「会計基準」への移行のための通知（二〇〇〇年二月通知）による特例の移行処理と特例の特例による移行処理があり、二〇〇〇年四月の事務連絡で「指導指針」による移行処理を原則的処理として他の二つの処理も利用できるとしたが、その後「会計基準」と「指導指針」のいずれも利用できるという二〇〇〇年一二月通知が発出され、移行処理に原則的処理がなくなる。さらに二〇〇一年二月に、「会計基準」による移行処理の場合も「指導指針」で定めた移行時特別積立金（純資産の一項目）の設定が必要になるという事務連絡が発出される。措置時代の繰越金等は移行処理時に移行時特別積立預金と移行時減価償却特別積立預金に区別されるが、この区別に移行時特別積立金が必要になる。移行処理をめぐっても混乱する現場が出てくる。

会計基準の根本的変化および二つの会計基準間の不整合と現場の会計処理能力の脆弱性は、会計業務の外部化を促進する要因となる。ここでいう会計処理能力の脆弱性とは、施設・法人の決算において貸借対照表借方合計貸方合計不一致、貸借対照表と事業活動（収支）計算書の次期繰越活動収支差額の不一致が相当数存在すること等に反映されている。この事例は会計基準に準拠しない会計処理等の事例であり、外見上そのことが認識可能な事例である。措置時代に法人内部で行っていた会計業務を、介護保険制度および新会計基準への移行に伴い公認会計士（または税理士）等に外部化する法人が出てくる。そうした会計業務の外部化が進む一方で会計の外部監査も求められてくると、法人は内部者としての公認会計士等に会計業務（非監査証明業務）費用を支払い、外部者としての公認会計士等に会計監査（監査証明業務）費用を支払うことになり、公認会計士等は社会福祉法人という新たな顧客を獲得する。二〇〇二年、「社援局」・「老健局」等の連名通知は財産状況の会計監査に関し、一定規模の資産額もしくは負債額または収支額の社会福祉法人について二年に一回程度の外部監査、これ以外の法人も五年に一回程度の外部監査を奨励する。これを受け日本公認会計士協会は会計外部監査の実務指針を発表し、数年に一回ではなく毎年の監査を求める。これにより会計基準に準じた会計処理等の実施が促され、会計基準に準拠しない会計処理等の事例が減少するであろうが、同時に監査人への経常的収入が約束される。

3　特養およびそれを経営する社会福祉法人の監査

福祉の領域では様々な主体により様々な形式で監査が行われている。ここでいう監査とは、その実施主体により任意に設定された基準または法令等で定められた強制的な基準等についてその適合状況を調べることであり、同じ意味で監督、監察、監視、評価等という用語も利用される。一般的に不安・リスクの軽減や不信の解消を求めて監査が生じるが、それは監査の形骸化を契機にその強化が求められ、一方では「監査の監査」という形態で無限後退し、他方では監査の専門分化という形態で無限分化して進行・増殖する可能性を持つと考える。しかし進行・増殖する監査にも監査の形骸化という可能性が潜在する。社会福祉法人の監事は理事の業務執行に関する業務監査と法人の財産状況に関する会計監査を内部監査として行う。法人の財産状況の会計監査については今後公認会計士等による外部監査がある。厚生省が都道府県市を通じて行う行政監査は外部監査として行われ指導監査という。これは関係法令・通知に基づく法人運営・事業経営（利用者や職員の処遇を含む）に関する事項の法人監査・施設監査（会計監査含む）である。指導監査には年間計画で実施の一般監査と問題のある法人・施設のみに随時実施の特別監査がある。二〇〇〇年以降、一般監査は二年に一回の実地監査ともう一回の書面監査に代替でき、公認会計士等の外部監査が二年に一回の実地監査として認められる。公的機関による指導監査の一部（会計監査）が公認会計士等の会計専門家に委ねられることは監査の専門分化であるが、同時に公的機関による監査の責任後退である。

行政内部の総務庁による行政監査は厚生労働省管轄の社会福祉法人およびその施設の指導監査に関する監査であり、「監査の監査」である。これまで三回に及ぶ総務庁の行政監察は措置制度および介護保険制度のもとで一部の社会福祉施設およびそれを経営する社会福祉法人が関係法令・通知等を遵守せず、補助金の不正取得・支出を行ってきている点、社会福祉法人の監事による内部監査も都道府県市による指導監査も必ずしも有効でなく、監査が形骸化してきている点を明らかにした。しかし総務庁の監査も都道府県市の指導監査の特定領域のみを監査対象としている点では、監査が形骸化している。厚生労働省はこの監査結果とそれに基づく勧告を受け、社会福祉法人の認可等の適正化や社会福祉法人および社会福祉施設の指導監督の強化に関する通知を繰り返し発出している。一方、福祉行政の不祥事や人権侵害の発生に対し、利用者の権利擁護・利用者への適切なサービス提供・行政監視を目的とする市民運動が高まり、一九九〇年代以降様々な種類の福祉オンブズが現われる。(3) このなかで利用者や職員の処遇から法人・施設の経営管理体制までを広く監査対象とし、独自の監査基準で監査しているのが市民運動型福祉オンブズである。この監査は行政監視目的の監査で、指導監査関係資料とみなせる資料に基づく監査であり、「監査の監査」である。福祉オンブズの動きは政策の注目を引き、行政主導の権利擁護事業へと引き継がれていく。法人等の経営状況の評価を対象外とし、福祉サービスの質の向上を目的に福祉サービスの提供体制の整備状況等を評価する事業である厚生労働省の第三者評価事業も、その権利擁護事業の一環である。すでに全国の地方自治体、社会福祉協議会、ＮＰＯ法人等がこの評価事業に対する取り組みを進めており、独自の評価基準や評価機関の認証基準等が設定されてきているが、全国共通の標準的な評価基準や評価機関の認証基準等の設定が課題である。利用者の処遇を監査対象にする点では指導監査と同様であるが、指導監査と異なる独自の監査基準に基づく監査を実施する第三者評価は、監査の専門分化である。

第二節　会計データ中心の先行調査にみる特養の経営実態

1　厚生労働省および全国老人福祉施設協議会の先行調査にみる特養の経営実態

「老健局」は介護保険制度導入のための介護報酬単価設定や三年単位の介護保険財政見直しのための介護報酬単価改定にあたり、施設サービス提供主体と居宅サービス提供主体にこれまで四回にわたり会計データ中心の経営実態調査を行っている（調査項目には利用者・職員の処遇等に関する項目も含まれる）。「介護報酬に関する実態調査報告」（以下「実態調査報告」と略称）（一九九九年三月の一ヵ月または一九九八年度の一年間対象）は介護保険制度の介護報酬単価算定基礎資料である。「介護保険事業経営概況調査結果」（以下「経営概況調査二〇〇一」と略称）（二〇〇一年九月の一ヵ月対象）は二〇〇三年度の介護報酬改定の骨格を決める基礎資料、「介護事業経営実態調査結果」（以下「経営実態調査二〇〇二」と略称）（二〇〇二年三月の一ヵ月対象）は二〇〇三年度の介護報酬単価改定基礎資料である。なお二〇〇四年一一月現在、厚生労働省は「介護保険事業経営概況調査結果」（以下「経営概況調査二〇〇四」と略称）（二〇〇四年九月の一ヵ月対象）の集計作業を行っている。特養に関するいずれの調査（「経営概況調査二〇〇四」を除く）も母集団数に対する回収数および有効回答数が少ない。母集団数・回収数率と母集団数・有効回答数率が最も低い「経営概況調査二〇〇一」では、それぞれの割合が四・七％、三％である。「経営実態調査二〇〇二」は母集団数・回収数率と母集団数・有効回答数率がそれぞれ二五％と一〇％であり、回収数と有効回答数の差が大きい。回収数の五七％が無効回答であり会計処理能力の脆弱性を推測させる。

一方、全国老人福祉施設協議会・老施協総研も会計データ中心の経営実態調査を行ってきている（調査項目には利用者・職員の処遇等に関する項目も含まれる）。このなかには「介護老人福祉施設等平成一四年度収支状況等調査報告書」（以下「収支状況等調査二〇〇二」と略称）（二〇〇二年度の一年間と二〇〇三年四月の一ヵ月および二〇〇二年四月の一ヵ月対象）、「介護老人福祉施設等平成一五年度収支状況等調査報告書」（以下「収支状況等調査二〇〇三」と略称）（二〇〇三年度の一年間対象）があり、この他にも「特別養護老人ホーム運営概況調査結果の概要」（決算データは二〇〇二年三月の一ヵ月の収益と二〇〇一年度一ヵ月平均費用を対象）（以下「運営概況調査」と略称）、「介護老人福祉施設等平成一三年度収支状況等調査報告書」（以下「収支状況等調査二〇〇一」と略称）がある。いずれの調査（「収支状況等調査二〇〇一」を除く）も母集団数に対する回収数および有効回答数が少ない。母集団数・有効回答数率が最も低い「運営概況調査」では、その割合が四・六％である。母集団数・回収数率と母集団数・有効回答数率が最も高い「収支状況等調査二〇〇三」はそれぞれの割合が六五・九％と四五・八％であり、回収数と有効回答数の差が大きい。回収数の三〇・四％が無効回答である。無効回答の原因は特養および法人における会計処理能力の脆弱性と調査への非協力性に二分される。無効回答事例の一つである貸借対照表と事業活動（収支）計算書の次期繰越活動収支差額の不一致は、会計処理能力に準拠しない会計処理等でかつ外見上そのことが認識可能な事例であり、会計処理能力の脆弱性を示す最も典型的な事例である。

「老健局」の実態調査は、特養（短期入所者介護事業含む）の一施設単位・一ヵ月単位の損益状況を特定の表示方法の損益計算書で示す。この結果を集計するために会計データ記入用の調査票（以下、会計データ調査票という）が利用され、ここに特定の会計基準に基づく決算データが記入される。介護保険導入以降、特養は決算データ作成にあたり「老健局」作成の「指導指針」と「社援局」作成の「会計基準」のいずれかを採用できる。しかし「老健局」作成の「経営実態調査二〇〇二」の会計データ調査票は基本的に「老健局」作成の「指導指針」による調査票であり、このなかには「特養全体」（特養と一体的に行っている他の介護保険事業のみを含むまたは特養と一体的に行っていない事業までも含む）の事業活動計算書（繰越活動収支差額の区分を除いて事業活動収支・事業活動外収支・特別収支の区分まで）、各介護事業の一部省略型事業活動計算書（事業活動収支・特定項目の事業活動外収支・特定項目の特別支出の区分のみ）、「特養全体」の事業活動計算書（すべての区分を含む）の要旨および貸借対照表の要旨が含まれる。特養の事業活動計算書（「会計基準」では事業活動収支計算書）に限定した場合でも、「指導指針」と「会計基準」で国庫補助金等特別積立金取崩や設備資金借入金元金償還補助金等の会計処理が異なることで、「会計基準」適用施設のほうが事業活動収支差額を恒常的または一時的に大きく示す。このほか二つの会計基準の間では費用・収益の損益区分名や費用・収益の項目名が異なる等、会計表示も異なる。「経営実態調査二〇〇二」の調査票および調査結果は、そうした会計基準間の会計処理および会計表示における違いを特別に考慮していない。また「経営実態調査二〇〇二」の会計データ調査票が「指導指針」によるものであっても最終的に算出される損益は「指導指針」でいう「当期活動収支差額」に近いが、「老健局」の独自の「損益」である。特養事業等の介護事業の一部省略型事業活動計算書に「特別収入」の区分がなく、「介護事業外収支」と「特別支出」は特定の項目のみに限定されているからである。

現在「老健局」は「経営概況調査二〇〇四」の集計作業を進めている。この調査の会計データ調査票も「指導指針」ベースである点では「経営実態調査二〇〇二」の調査票と変わりがないが、「会計基準」

適用施設に対し記入上の配慮を加えている。「事業活動支出」区分の記入部分は「指導指針」適用施設の作成用と「会計基準」適用施設の作成用の二種類がある。

一方、老施協総研による「収支状況等調査二〇〇二」、「収支状況等調査二〇〇二」および「収支状況等調査二〇〇三」は「会計基準」適用施設にも配慮した会計データ調査票を利用しており、この点では「老健局」による「経営概況調査二〇〇四」の会計データ調査票の方法を先取りしているが、それ以上の内容を含む。これらの調査では「老健局」と同様に「指導指針」ベースで調査結果を集計するものの、その会計データ調査票では「会計基準」適用施設記入用の事業活動収支計算書と「指導指針」適用施設記入用の事業活動計算書が別々に用意されており、それらの項目のすべてが調査対象となっている。これらの計算書には本部、特養事業、その他の併設した各介護保険事業の費用・収益データが記入される。「会計基準」用と「指導指針」用の貸借対照表も別々に用意されている。「収支状況等調査二〇〇二」では、このほかに移行処理の選択・国庫補助金等特別積立金取崩処理の選択等の詳細を記入させる調査票等も用意されている。この種の追加調査により、国庫補助金等特別積立金取崩の処理方法等に「会計基準」を選択適用する施設は「指導指針」適用施設に比べて事業活動収支差額を押し上げること等も調査している。しかし「収支状況等調査二〇〇二」および「収支状況等調査二〇〇三」では移行処理関連項目以外のほとんどの項目については会計数値が示されておらず、全国平均や施設定員別あるいは級地区分別平均の経営指標（諸比率）と施設数が示されているにすぎない。移行処理関連項目の会計数値も平均化された数値である。調査票から作成される老施協総研の特養に関する財務・経営実態のデータベースに基づく限り、「老健局」の特養施設（特養事業および短期入所者介護事業）に関する一施設単位・一ヵ月単位の会計数値を示した調査結果と類似する経営実態が示され、かつ特養施設のその他の併設事業の経営実態も示されるはずであるが、「収支状況等調査二〇〇二」および「収支状況等調査二〇〇三」ではそのような形で調査結果を発表していない。

「老健局」による「経営実態調査二〇〇二」および「経営概況調査二〇〇一」とこれらのなかにある「実態調査報告」から一九九九年と二〇〇一年―二〇〇二年における特養（短期入所事業分を含む）の一施設単位・一ヵ月単位の損益の変化をみる。措置制度から介護保険制度への制度変化前後で、補助金等を含まない場合でも損益額が増益となる。この主な理由は、補助金を含まない場合でも介護事業収入で増収となることと人件費が削減されていることにある。制度変化前後で特養の人件費率は七〇%から五四―五五%へと減少し、補助金を除いた場合で損益率がマイナス五%から一二―一三%となり損益率が増加する。この損益率増加が一因となり、二〇〇三年度の特養の介護報酬改定率はマイナス四・二%となる。次に、老施協総研による「収支状況等調査二〇〇二」および「収支状況等調査二〇〇三」から二〇〇二年―二〇〇三年における特養（民設民営の特養と短期入所介護の合計値）の損益の変化をみる。この二年間で施設の収支差額比率（経常収支差額／事業活動収入から国庫補助金等特別積立金取崩額を除いた金額）は補助金を除いた場合で一一・六%から九・〇%へ減少している。費用比率（費用／事業活動収入から国庫補助金等特別積立金取崩額を除いた金額）のうち人件費比率は五七・三%から五九・二%に、経費比率は二六・六%から二七・四%に、一般管理費比率は一〇・〇%から一〇・九%にそれぞれ増加しているものの、その他の費用比率はほぼ横ばいである。特養事業の利用者一人一日あたり介護報酬収入は九六一一円から八九八四円に減少している。二〇〇三年度における特養事業の介護報酬改定率のマイナス改定は、特養事業の利用者一人一日あたり介護報酬収入の減少や特養施設の収支差額比率の減少（費用の増加も一因であるが）に影響を及ぼしていると推測される。

2　個人研究者の先行調査にみる特養の経営実態

ここでは二つの実態調査を取り上げる。一つは松嵜久美稿「介護保険体制下の福祉施設の財務と経営――埼玉県特別養護老人ホームの二〇〇〇年度の財務データの分析」（『浦和論叢』第三〇号、二〇〇三年六月）であり、もう一つは古賀理稿「介護保険下の経営」（『佐賀女子短大研究紀要』第三七集、二〇〇三年）である。松嵜の調査は埼玉県下の一五四民間運営特養施設の二〇〇〇年度（介護保険一年目）の財務数値やその他の経営データに関する分析である。この研究の基礎資料は、埼玉県の特養の施設指導台帳と監査後の「監査結果」および「監査改善状況報告書」である。古賀の調査は、佐賀県下の社会福祉法人立三五特養施設の一九九八年度および一九九九年度（措置時代）と二〇〇〇年度および二〇〇一年度（介護保険時代）の財務数値等と一九九九年度と二〇〇一年度における全国の特養の財務数値等に関する分析である。この研究の基礎資料は、佐賀県における老人福祉施設指導台帳、社会福祉法人現況報告書および添付書類、「老健局」による「経営概況調査二〇〇一」、老施協総研による「運営概況調査」等である。

松嵜による実態調査の最大の特徴・貢献は、「会計基準」と「指導指針」の選択適用により利益や利益率が変わるという事実に留意して、この基準選択における収入規模と利益率との関係等を調査し、一方で高利益施設と人件費との関係等も調査している点にある。「会計基準」適用施設では収入規模と利益率に相関性が強く、「指導指針」適用施設ではそうした相関性が弱いのは特養事業中心の施設が「会計基準」

を適用し、施設により収入規模の異なる他の介護保険事業を併設している施設が「指導指針」を適用していることにある点、高利益率施設が人件費抑制のために賃金抑制・常勤職員数抑制・職員の非常勤化に依存している点、地域の賃金水準の違いが施設の人件費率の違いとなる点、等を明らかにした。一方、古賀による実態調査の最大の特徴・貢献は、措置制度から介護保険制度への移行において収益、人件費、損益がどのように変化したかを一都道府県レベルで調査し、これを全国レベルの変化と対比させているという点にある。一九九九年度の佐賀県調査の結果を「老健局」による「経営概況調査二〇〇一」等のなかにある「実態調査報告」の特定の損益計算書形式で示し、全国調査の結果である「実態調査報告」と比較している。二〇〇〇年または二〇〇一年度の佐賀県調査の結果を「老健局」による「経営概況調査二〇〇一」の特定の損益計算書形式で示し、全国調査の結果である「老健局」による「経営概況調査二〇〇一」および老施協総研による「運営概況調査」と比較している。これにより措置時代一九九九年度四月分の佐賀県下特養の事業収益と人件費比率は全国平均を下回るが、引当金・繰越金率は全国平均を上回る点、介護保険時代二〇〇〇年度年間実績の一ヵ月分で、佐賀県下特養の損益率が全国平均を大きく上回る原因は減価償却比率が全国平均より大きく下回ることにある点、介護保険制度への移行後、佐賀県下特養は介護事業収入で相当の増収となり人件費以外の費用額が増加したとしても損益で相当の増益である点、等を明らかにした。

これらの実態調査の問題点として、ここでは三点指摘する。第一に介護保険時代の埼玉県下の特養施設指導台帳は措置時代の強制記入・提出と異なり各施設への協力依頼の結果として記入され収集されるものであるため、データの正確な集約や厳密な利益比較等が確実とならない可能性がある。松嵜の分析対象は様々な介護保険適用事業等の併設事業も含む特養施設のなかの「会計基準」適用施設と「指導指針」適用施設であるため、法人・施設が特養事業以外のすべての併設事業に関する会計数値を施設台帳に記入していることが必要となる。しかし現在の依頼状態ではそれも確実とならず、したがってそれに基づく利益比較等も厳密に行えない可能性がある。第二に古賀は佐賀県の特養の会計データを厚生労働省による全国調査または老施協総研による全国調査の会計データ表示方法（特定の表示方法による損益計算書）を利用して示しているが、これらの全国調査における会計データ収集方法、具体的には会計データ調査票の詳細を示していないため、これらの全国調査の会計データ表示方法および収集方法と、佐賀県の調査の会計データ表示方法および収集方法との関係が明らかでない。第三に松嵜および古賀は人件費抑制、常勤職員数削減・非常勤職員の活用等という職員の処遇状況または高利益法人の経営スタイルの特徴を調査、識別しているが、より広範囲におよぶ利用者や職員の処遇または法人の管理体制等の経営実態に対しては関心が少ない（ただし松嵜は特養等の経営実態に関する総体的分析を目指す埼玉市民福祉オンブズネットの調査分析チームの一員である）。例えば古賀の調査では佐賀県の民設特養のほとんどが私的医療機関が母体である[4]こと、佐賀県の賃金水準が他の都道府県のそれに比べて相対的に低いこと等に関心が少ない。

これまで厚生労働省、全国老人福祉施設協議会および個人研究者等は、特養の会計データ中心の経営実態調査とそれ以外の側面の経営実態調査を行ってきているが、それらは特養の経営実態を総体的にかつ個別具体的に提示する調査として行われてきていない。特養事業またはそれを経営する社会福祉法人の監督・監査または評価を目的にした調査のなかには、特養およびそれを経営する社会福祉法人の経営実態調査が含まれている。この調査には指導監査を監督する総務庁の行政監察における社会福祉法人等の経営実態調査と市民運動型福祉オンブズの調査報告書における特養および社会福祉法人の経営実態調査がある。

第三節　監督・監査または評価の先行調査にみる特養の経営実態

1　総務庁の行政監察の先行調査にみる社会福祉法人等の経営実態

総務庁は社会福祉法人の運営の適正化と社会福祉施設・設備の整備に係る補助事業の適正化を目指して、厚生労働省管轄の社会福祉法人およびその施設に関する指導監査についてこれまで三回の行政監査を行っている。それは「社会福祉法人の指導監督に関する行政監察結果」（一九九二年四月―六月を調査期間として、三〇都道府県および当該地域の一九八社会福祉法人の管理運営体制等を対象）、「社会福祉法人の指導監督に関する行政監察結果」（一九九六年一一月―一九九七年三月を調査期間として、五県および当該地域の老人福祉施設を経営する四四社会福祉法人の管理運営体制等と三四社会福祉法人の施設・設備の設置補助事業を対象）、「社会福祉法人の指導監督に関する行政評価・監視結果」（二〇〇二年四月―二〇〇三年七月を調査期間として、一四都道府県および当該地域の一四二社会福祉法人の管理運営体制等と一一都道府県および当該地域の五七社会福祉法人の施設・設備の設置補助事業を対象）である。

社会福祉法人の管理運営体制では、評議員会に関して、設置すべき評議員会を設置していない例、評議員会の開催・審議条件が不備の例、評議員会メンバーと理事会メンバーの兼務等評議員会の牽制機能が実効性を持たない例、等がある。理事会に関して、理事会の要議決事項が理事長等により決定される例、理事会の適期開催・定足数の不備の例、理事選任が許可基準に抵触する例（各理事との親族等関係者が基準数を越えて理事になっている例、等）、理事会決議において利害関係を有する理事が議決に参加する例、社会福祉法人の所轄庁たる市町村の幹部職員または市町村長等が理事に選任される例、等がある。監事監査に関して、監事選任が許可基準に抵触する例、監事が理事の業務執行を監査していない例、会計業務の委嘱先等が監事に選任されている例、等がある。次に会計管理では、一〇〇％未満の事業費執行率、最低水準の入所者処遇、職員処遇等により繰越金が発生する例、限度額を超えた繰入を行う例、これらの場合、都道府県市では適正な施設運営が確保されているか否かの判断基準を持たないため法人に適切な指導が行えない例、「会計基準」に基づく経理規定が未整備である例、定款で定める事業で経理区分が設定されていない例、等がある。さらに施設・設備整備に係わる補助事業では、特定の施設整備の設置費用を過大に報告している例、社会福祉法人と元請業者の契約金額と元請業者と下請業者の契約金額に差額が生じている例、工事請負契約業者から多額の寄付金を受け入れる例、等がある。法人監査の指導・処分では、監査職員が審査基準等の法令等に不知である例、所轄庁側と法人側の監査調書に不備があり不適切事例が確認できない例、指導・処分への対応の審査が不適切な例、等がある。

三回に及ぶ総務庁の監査結果に類似点が存在することから、社会福祉法人等の経営管理体制等の改善途上を指摘できる。また総務庁の監査結果から、都道府県市による外部監査と社会福祉法人の監事による内部監査について監査の形骸化を指摘できる。ただし後述するように、総務庁の監査対象が都道府県市の指導監査対象全部に及ばずに利用者や職員の処遇、会計処理等を監査対象としていない点では、総務庁の監査自体も形骸化している。総務庁行政監査の最大の特徴・貢献は、法令・基準遵守という観点から福祉事業者の社会福祉法人とそれを指導監査する都道府県市の業務を全国レベルで評価して、密室的・同族経営的な経営管理体制の体質と有効な指導監査を行わない厚生労働省・都道府県市の体質を告発した点にある。しかし総務庁の監査対象は法人の管理運営体制、会計管理（財産管理・契約等も含む）、施設・設備整備補助金の取得・支出と都道府県市の指導監査に限られ、法人等の職員や施設利用者の処遇、会計処理等（会計基準に準拠しない会計処理等）を監査対象としていない（第一回の行政監査を除く）。また調査結果は、法令・基準違反等の問題を持つ社会福祉法人・社会福祉施設等の実態と指導監査に問題を持つ都道府県市の監査実態であって、各調査項目に関して平均的・一般的実態や最高・最低の実態の格差等を示していない。さらに社会福祉法人の背後にある、私的医療機関の存在やそれを母体とする同族的経営実態等（特養における医師給与の受取人と支払人が同一人物または同族であるためその給与が割高に決められる実態等を含む）に関する調査は行われていない。総務庁の行政監査は、社会福祉法人等の経営実態とその経営に影響力を有する都道府県市の指導監査の実態を総体的かつ個別具体的に分析した調査とはいえない。

2　二つの市民運動型福祉オンブズの先行調査にみる特養および社会福祉法人の経営実態

えひめ福祉オンブズネットの調査は、市民オンブズマンの活動手法に基づく市民運動型福祉オンブズ調査の先駆的調査であり、他の地域での類似調査も基本的にこの調査方法に準拠している。この種の調査結果は、老人福祉施設指導台帳の項目に準じて各種データを施設の実名入りで整理している。これまでえひめ福祉オンブズは、措置時代の特養に関する実態調査報告書を三冊公表している。そのうちここでは、「老人福祉施設指導台帳」（一九九七年度分）と「九七年度監査事前資料」および「九七年度監査結果」に基づく「愛媛県内九九年版特別養護老人ホームの状況」（以下「九九年度版」と略称）を取り上げる。「九九年度版」の調査対象施設は愛媛県内開設の五六（公立一六と民間四〇）の特養である。一方、埼玉市民福祉オンブズネットは、これまで措置時代の特養と介護保険時代の特養に関する実態調査報告書をそれぞれ一冊公表している。それは「老人福祉施設指導台帳」（一九九七年度分）等と一九九七年度監査指導資料に基づく「指導台帳及び監査資料から見た埼玉県特別養護老人ホームの実態」（以下「九七年度版」と略称）、「老人福祉施設指導台帳」（二〇〇〇年度分）と二〇〇〇年度監査指導資料に基づく「指導台帳及び監査資料から見た埼玉県特別養護老人ホームの実態」（以下「二〇〇〇年度版」と略称）である。「九七年度版」の調査対象施設は埼玉県内開設の一四〇（公立一一と民間一二九）の特養である。「二〇〇〇年度版」の調査対象施設は埼玉県内開設の一六九（公立一二と民間一五七）の特養である。

これらの調査書における最大の特徴・貢献は、市民が行政側から開示請求して入手した情報に基づき密室的・同族経営的な施設経営の体質と有効な監査指導を行ってきていない行政側の体質を告発した点にあるが、この限りでは総務庁の行政監査のそれと共通している。所轄庁の幹部職員が社会福祉法人の理事となる点、利用者や工事請負取引業者から多額の寄付金を受け取る点、指導台帳記載の不備・改善指導の不徹底に指導監査の不備を見出す点等の調査は行政監査と類似している。しかしこうした調査にとどまらず、利用者および職員の処遇等も調査範囲に加え、各調査項目に関して平均的・一般的実態や最高・最低の実態の格差等を示している。公的施設および民間施設の利用者・職員の処遇や繰越金・利益金額には相当の公私間格差と民間間格差があるという点、職員の最低配置基準に満たない施設があるという点、公立施設における職員高待遇・高い職員定着率・非専門職の施設長の一時的出向人事が介護サービスの向上に結びつかない点、おむつ交換回数の少なさ、死亡率の高さ等で安易にサービスの質を評価できない点、高額繰越金施設とは利用者の生活費抑制型施設・職員の人件費抑制型施設である点、人件費抑制が低賃金・職員数抑制・職員の非常勤化による点、医療法人または医療福祉複合体を母体とする施設には高額繰越金施設がある点、理事長が嘱託医師の場合または医療機関が特養を設置・経営している場合には他施設に比べて医師に高額給与を支払う施設がある点、労働組合の組織率がきわめて低い点、一九九九年度よりも二〇〇〇年度に非常勤職員・退職者が増加する施設、死亡率が上昇する施設がある点、等を指摘する。

市民運動型福祉オンブズの調査は法令・基準を遵守しない法人・施設だけではなく、自治体レベルという制約はあるもののそこでの全施設における利用者および労働者の処遇と経営管理の状況とを関連させた分析を中軸に、法人、取引業者、許認可権者・監査主体の行政側にも広く焦点をあて、法人および施設の経営実態を総体的にかつ個別具体的に分析する方向を目指している。しかし、福祉オンブズ自身が認識しているように行政資料のみで事業実態を把握することには限界がある。まず特養の併設事業化や特養のチェーン化に関する経営データ、特養の設置主体である社会福祉法人の背後にある法人またはグループの多角化事業や当該事業の管理運営体制等の経営データの収集と、それらに関する分析が必要である。また異なる施設・法人間の経営データの横断分析だけでなく、同一施設・法人の経営データの時系列分析も加える必要がある。これらの経営データの分析には会計データの分析が不可欠である。特養および法人またはグループ全体およびセグメント別の財政状態・経営成績・資金変動状況の分析、また利益の公表内部留保と非公表内部留保の分析、さらに会計基準に準拠しない会計処理等や会計基準への準拠を前提にした決算政策的会計処理の分析等が必要である。そして施設・法人の経営データと会計データはそれが立地する地域、ひいては国家の諸制度とこれを規定する経済、政治の状況分析と関連させて解釈される必要がある。さらに利用者や職員の処遇（特にサービス労働者に対する管理者等による統制方法）の内実まで踏み込むためには経営側から提供されるそのデータだけでなく利用者（およびその家族）や職員から直接データを獲得する必要があり、またこれに基づいて経営側から提供されるその他の様々な経営データも解釈される必要がある。

むすびにかえて

特養および法人の経営に関する調査やそれらの監査・評価を目的にした調査では、そこでの経営の特定の側面のみを対象としているものが多い。そのなかで施設・法人側および行政側から経済的にも精神的にも独立した特定の監査主体は、施設・法人の経営を総体的にかつ個別具体的に監査し調査する方向を目指している。こうした監査調査の量的・質的発展は社会が評価できる利用者・職員の処遇、法人・施設の管理運営体制等を社会的に構築する一因となる可能性をもつ。

（1）岸田孝史『措置制度と介護保険』萌文社、一九九八年、二二一ページ。
（2）伊藤周平『「構造改革」と社会保障』萌文社、二〇〇二年、一五五―一六二ページ。
（3）福祉オンブズマン研究会『福祉〝オンブズマン〟――新しい時代の権利擁護』中央法規、二〇〇〇年、八―一五ページ。
（4）二木立『保健・医療・福祉複合体』医学書院、一九九八年、六三ページ。

第五章　協同組合福祉による生活支援

――生活共同体の形成と介護保険制度への対応――

朝倉美江

はじめに

いま、私たちの生活は大きな転換期にあると思われる。失業率の上昇、フリーター・ニート（若年無業者）の増加等雇用・所得の不安定化の急速な進展、さらに近年自殺者数が急増しているという実態は現在の生活が相当深刻であることを示している。そのうえ社会保障・社会福祉改革は財源の削減を目的に推進され、二〇〇四年度に実施された年金改革は私たちの将来を安心させるような内容にはなっておらず、老後の介護不安も介護保険施行後五年目の改正が実施されるとはいえ、なお解消される見通しはみられない。

また家族の小規模化は少子高齢化を背景に確実に促進され、少子化の原因は晩婚化から未婚化へ、さらに非婚化へと状況はますます深刻化しつつある。そのうえ家族の養育・扶養機能の低下が、児童・高齢者虐待の増加、深刻化を招いているという側面も否定できない。山田昌弘は、経済状況の不安定化によって一九九八年問題が登場したと分析している。一九九〇年代後半にわが国は社会全体のあり方が根本的に変化したという。その象徴として一九九八年に自殺者が三万人を超えたこと、離婚率の上昇、できちゃった結婚、ＤＶ、ストーカー、児童虐待、わけのわからない犯罪の急増等少年以上に「おとな」の不可解な行動、犯罪が目立つようになってきたことを上げている。(1)

私たちの生活は、家族を基盤としながら個別に営まれているが、それは市場における商品や政府による社会保障・社会福祉サービスを利用しながら、安定し・安心できる状況を社会的に構築するなかで営まれている。しかしいま、社会・経済状況が不安定化しつつあり、その弊害が顕在化しつつあるなか、私たちの生活を家族を基盤として営むことは困難となりつつあるのではないか。家族の小規模化はさらに深刻化し、その形態や内実も多様化しつつあり、家族機能は脆弱化し、それ自体を基盤として安定性を保持することは困難になりつつある。そこに家族を超えた「生活共同体」を意図的に形成することが、求められる必然性がある。

本章では、家族を超えた「生活共同体」の一つの典型として協同組合による生活支援活動を取り上げたい。協同組合とは、私たちの社会のなかで、生活を支えるために必然的に生み出されたものであり、その機能・役割は今日ますます必要となりつつあると思われる。個々の生活が不安定化し、多様な問題が顕在化しつつある今日的な状況のなかで、協同組合が生活を支える組織として、家族機能を代替する最も私的領域に接近した生活共同領域を担うことの必然性と可能性を論じていきたい。

第一節　なぜいま、協同組合福祉なのか

1　民営化・市場化の推進による福祉国家の再編

社会福祉は、人々の抱える生活問題を解決する活動を組織化、制度化することによって発達してきたものである。戦後、わが国は福祉国家をめざし、憲法二五条に基づく公的責任による福祉サービスを整備してきた。公的制度化は資本主義経済の発展によって促されてきた側面が強い。したがって高度経済成長期を経て、一九七三年のオイルショックを契機に福祉見直しが進められ、一九八〇年代は、「第二次臨時行政調査会」（八一年）の設置に伴い、「福祉高額補助金削減」（八五年）、「福祉サービスの機関委任事務から団体（委任）事務へ」（八六年）、「社会福祉士及び介護福祉士法の成立」（八七年）などによって「福祉改革」が具体化されていった。「八〇年代福祉改革」は主に行財政改革として公的な福祉サービスから民間委託による福祉サービスへという形で推移し、福祉サービスは公設公営による運営から公設民営へと転換しつつあった。施設福祉は、都道府県・市町村から社会福祉事業団によって提供され、八〇年代からようやく推進されつつあった在宅福祉は、福祉公社（一九八一年、武蔵野福祉公社設立）や社会福祉協議会等によって提供されつつあった。戦後整備された福祉六法は、施設福祉中心であり、当時、在宅福祉サービスは未整備であったことも多様な福祉サービス提供主体を登場させてきた背景にはある。

したがって協同組合福祉は、民営化の受け皿の一つであり、さらに多様な福祉サービス提供主体の一つとして「八〇年代福祉改革」の時期に登場してきた。この「福祉改革」が公的責任の縮小、福祉財源の削

減によって推進されていたことから、協同組合が福祉を実践することは公的責任をさらに縮小させることにつながるのではないかという批判も強くあった。一九九〇年代後半以降は、「社会福祉基礎構造改革」によって福祉国家の再編が民営化・市場化を軸に急速に推進されつつある。介護保険制度によって協同組合福祉は、市場化が急速に進む福祉サービス供給主体の一つであるとともに非営利・協同セクターの担い手の一つとしての役割を期待されつつある。(2)

2 少子高齢化による福祉ニーズの拡大・深刻化

高度経済成長期に進展した都市化、核家族化、さらに人口構造の高齢化は、福祉サービスの対象を一般世帯へと拡大させた。高齢化の進展は、介護不安・子育て不安等を国民共通の課題とし、福祉問題が一般的・普遍的な課題であることを改めて認識させることにもなった。現在、高齢者数は二四三一万人、高齢化率は一九・〇%（二〇〇三年）となり、戦後の団塊の世代が高齢期に達する二〇一五年には、高齢者数は三二八〇万人となることが予測されている。さらにわが国の高齢化が急速に展開したことから、医療・年金等社会保障財源の危機が介護費用の増大とともに重要な課題となり、「高齢化社会危機論」によって、自己負担額の増大をやむを得ないこととして国民に納得させることにもつながった。財政上の課題を最大のものとして一九九七年、介護保険が制度化され、二〇〇〇年からの実施となった。

また、要介護高齢者は、二〇〇〇年には二八〇万人であったが、二〇二五年には五三〇万人に達すると推計されており、後期高齢者（七五歳以上）の増加は、後期高齢者の約五分の一が医療施設において受診しており、認知症の発症率が高くなることなど要介護の高齢者の増大が課題となり、二〇一五年の高齢者介護の焦点は認知症介護であると指摘されている。さらにその介護者の高齢化も進み、七〇歳以上の介護者が二割以上、要介護期間も三年以上が約半数を占め、「老老介護」「介護の長期化・長時間化」が進み、介護問題は深刻化している。介護保険は、家族介護の限界を背景に介護の社会化を目指して制度化されたが、家族介護を前提としたサービスシステムであることが大きな課題として残されている。二〇〇三年に実施された全国高齢者虐待調査からは、[3]回答のあった八割の市町村の虐待相談件数は六〇六二件（二〇〇三年）であり、うち一割が「生命にかかわる危険な状態」であったとの結果がでており、相当厳しい状況がうかがえる。

また介護の問題をより深刻化する課題として少子化の問題にも当面している。少子化の改善・解決策として、就労女性のための保育所整備と主に主婦を対象とした育児不安の軽減のための相談・一時保育等の事業を含むエンゼルプランが一九九四年、さらに二〇〇二年には「少子化対策プラスワン」が男女共同参画社会のための労働条件整備も含んだ内容で策定された。しかし、少子化の最大の原因は、晩婚化と非婚化であることからそのような国の対応はまったく的外れだとの指摘[4]もあり、現実的にも少子化対策によって少子化に歯止めがかかるという見通しはもてない状況にある。

以上のように増大し、深刻化する福祉ニーズは、協同組合にとっても組合員のニーズとして当面している。組合員の組織である協同組合が組合員のニーズにどこまで応えられるのかという課題として協同組合福祉はその本質に迫っているといえよう。

3　市民社会の成熟と協同組合活動の発展

福祉国家再編は、市民社会の成熟もその背景としている。市民社会の成熟は、国際的にも拡大し、評価されつつあるＮＰＯ(5)（non-profit organization＝非営利組織）の実態からも明らかであろう。ＮＰＯは、「政府の失敗」と「市場の失敗」を背景に新しい社会経済セクターとして大きな期待をもたれている。我が国でも、一九九五年の阪神・淡路大震災におけるボランティアの救援・復興活動は、ボランティア元年として評価され、一九九八年の「特定非営利活動促進法」（通称ＮＰＯ法）の成立へとつながった。我が国最大のＮＰＯは消費者生活協同組合（以下、生協）であり、全国の生協組合員数は、二一七七万人（二〇〇二年度）となっている。

市民運動・活動は、高度経済成長期の公害反対運動、環境保護運動、消費生活運動、さらに保育所づくり運動、障害者の権利要求運動等多様に行われ、市民運動は、当初、反対・要求運動として展開してきた。その後、政策提言を含めたボランティア活動・市民活動などが環境保護、在宅福祉サービスの展開として多様に実施されるようになった。

市民社会の成熟は、社会福祉においては「参加型福祉」として評価され、一九九三年四月には「国民の社会福祉に関する活動への参加の促進を図るための措置に関する基本的な指針」が厚生省（現厚労省）から出され、さらに同年七月「ボランティア活動の中長期的な振興方策について」という意見具申が中央社会福祉審議会地域福祉専門分科会から出された。これらは、急増する福祉ニーズに対してボランティア等市民参加によるサービス供給を期待しているものであり、安上がり福祉との批判も強くある。その点は充分に認識したうえで、あえてここでは、ボランティア活動を互酬性をもった活動であると捉えている点に注目したい。つまりボランティアとは誰かのために「奉仕」するという活動ではなく、福祉社会、福祉コミュニティを市民の共同・共生によって創り出す活動なのであるという捉え方である。市民は、従来、政策に反対したり、要求したりする主体であったが、市民自らが自分たちのコミュニティを形成し、それを福祉コミュニティとして創造していく主体であると位置づけられるということである。

主体としての市民とは、福祉国家という枠組みにおける国家の管理に伴う官僚制や国の統制のもとにある自治体の住民ではなく、自分らしい生活を創り、新しいコミュニティの形成主体となる生活者であるといえよう。私たちは、一人ひとりが抱える生活問題を自己努力や他者への依存や期待によって解決するのではなく、主権者である市民自身の協同の力で乗り越えたいと考えているのではないか。そのような人々が現在は未だ少数派であるかもしれないが、確実に増加しつつある。そのことを現代社会の可能性として見出せる場が「協同組合福祉」の実践の場ではないのだろうか。

第二節　協同組合福祉とは何か

1　組合員の助け合い活動から誕生した協同組合福祉

「協同組合福祉とは何か」を明らかにし、それを他の市町村等行政機関、社会福祉法人、または近年急増しつつある企業による福祉とどのように異なるのかを明らかにすることは、協同組合福祉が、今日の福祉供給システム、さらに現在目指されつつある福祉社会の形成においてどのような役割を果たすことができるのか、さらに今後の二一世紀型協同組合とは何かを明らかにするうえでは重要なテーマであると考えている。

しかし、ここでは福祉サービスを協同組合が担うことが望ましいということではなく、利用者本位の住民にとって必要なサービスを形成・提供するために協同組合福祉は何ができるのか、ということが重要であることを確認しておきたい。当然であるがサービス供給主体が多元化すること自体は利用者にとってサービスの選択肢を広げていくという重要な側面をもっている。そのうえで多元化・多様化するサービス主体において、組合員・利用者を組織内に内在化している協同組合がサービスの質をリードしていくことは最も重要な課題であること[(6)]は強調しておきたい。

以上の点を前提としながらも、私自身は今日展開している協同組合福祉が、介護保険事業に相当シフトし、そのことが協同組合福祉の独自性をなくしつつあるのではないか、という危惧をもっている。そのような視点から協同組合福祉の領域と基盤、さらに今後の展望を検討したい。

まず、協同組合福祉として最も早くから活動・事業を展開した生協がどのようなプロセスで誕生したかを確認したい。生協組合員は一九六五年には全国で七四六万人であったが、七五年には一七九六万人、八五年には二八三七万人というように公害問題や環境問題などへの市民の関心の高さを反映して急増し、生協の事業規模が拡大してきたなか、関係する業界等から、生協の活動全般にわたる見直しが求められてきた。そのような状況において一九八六年「生協の在り方に関する懇談会」(厚生省)が設置された。「今後急速に到来する高齢化社会において、地域における自主的な相互扶助組織である生協の果たす役割は極めて大きいものがある」とし、生協の独自性のなかでも〝相互扶助の機能〟による高齢化への対応を期待する内容が明示された。

また、コープこうべでは、組合員によるボランティア活動等生活文化活動の取り組みを踏まえながら生協と福祉の関係について議論が展開された。嶋田啓一郎は「法制的社会福祉は、一般国民のなかに拡大する『こころ』の貧困に立ち入ることには一定の限界をもっている」とし、「生協の福祉は、協同に基づく組合員相互の連帯活動であって、地域組合員や従業員の自主・自発的結合性を基盤としたものである」[7]と述べている。組合員による「豊かな老年を考える会」は老後を組合員相互の助け合いで守り合うしくみの研究をはじめ、生協組織内の「福祉文化事業委員会」でも組合員の老後の生活を支えるホームヘルプ活動のあり方についての討議が始められた。それらの議論を踏まえ、一九八三年六月に「コープくらしの助け合いの会」が始まったのである。そこに参加した組合員は「長いこと組合員でいらした方、運営委員などの活動をしていらした方が高齢になってきたので、福祉施設ではなくて、ちょっと助けがあったら自分の家で一生を終えることができるんだから、そういうものが絶対に必要だということを議論した」と述べている[8]。

2 介護保険への参入とコミュニティへの対応

介護保険法の成立を背景に、一九九八年には厚生省に「生協のあり方検討会」が新たに設置された。そこでは、生協の意義を「生活の安定と生活文化の向上を図るため、組合員の相互扶助の精神に基づいて、協同して事業を行う非営利の組織。今日の社会では自助、公助に加え、相互扶助（共助）の役割がますます重要になっているが、生協の事業活動はこうした自発的な共助のしくみそのもの」[9]と確認されている。具体的には生協の役割として安心や安全の追求として、民間市場では提供されていない財・サービスへの積極的な取り組み、介護等の各種の生活保障への需要が増大していることへの対応が述べられている。この議論を背景に介護保険法では、付帯決議として、生協も介護保険サービス提供組織として位置づけられ、生協の福祉事業は組合員だけを対象とするのではなく、コミュニティに開かれたサービスとして位置づけられた。

また、国際的にも生協の危機が認識され、一九八〇年、ICAのレイドロウ報告によって「協同組合は人びとの生活を意味している」という基本理念が確認され、生協の本質的課題は人間生活にかかわることであると述べられている。さらに一九九五年には協同組合原則が改定され、①自発的で開かれた組合員制、②組合員による民主的管理、③組合員の経済的参加、④自治と自立、⑤教育、訓練および広報、⑥協同組合間協同、⑦コミュニティへの関与、となった。この改定の最も大きな特徴は、第七原則であり、生協は組合員の組織であると同時にコミュニティ形成の役割をもつことが明確になったということである。

生協の組織原則からは、生協は組合員のものであるという原則から地域に開かれたものであるという大きな転換が、国際的には生協の危機論のなかから主張され、国内においては高齢化への政策対応の不十分さからそれを補完する役割として期待されてきた。しかし阪神・淡路大震災で「被災地に生協あり」と言われたように、緊急時には組合員かどうかより、組合員も住民もともに助け合うことが不可欠であり、可能であった。そのことによって日常的にも組合員も住民もともに助け合うことが必要であることが深く認識された。ここに組合員を中心としながら地域社会のなかで、生活を主体的に営むためには家族内部ではなく、協同組合を通して生活を支えるしくみの必要性が顕在化したといえる。[10] 生協に内在化しながらも外部にも開きながら、生活を共同する関係を構築することが急務であることが認識されてきたといえよう。

つまり地域社会において協同組合を核とした「生活共同体」の形成の必要性が組合員、地域住民にとって明確化してきたといえる。

3　生活の社会化と「生活共同体」としての協同組合

生活とは、私たちが生命を維持し続けている営みそのものであり、その営みは近代以降においては、生きていくための再生産を自給自足によって行うのではなく、商品を生産し、それを交換することによって自らの生活を維持継続していくということである。その生活は、生産のための労働力を再生産し、さらに次の世代を担う人間を生み、育てていくことによって、長期にわたり営まれ続けていく活動である。近代社会は、自己責任を原則としてもち、個人や家族が、生活の具体的な内容については、自立する個人・家族の責任として、「私的」なものとして位置づけられている。個人・家族による生活は、その家計・家事労働・家族関係を含み、私的領域として社会的領域とは区別され、直接干渉されることがない状況にある。

しかし、人々は孤立して、ばらばらに生活を営んでいるわけではない。大塚久雄は「人間は生活諸手段の堆積を包み込んでいる『土地』に密着してのみ自己の生活を再生産できるだけでなく、その限りで、自己の生活を十分に再生産できるのである」と土地と人間の不可分な関係を「共同体」として確認している。[11]つまり、共同体は近代社会において消滅したのではなく、人々の生活のなかに歴史的にさらに実態的にも残存という以上にその存在・再生産に不可分なものとして存在しているといえる。生活は私的なものであると同時に社会的にならざるを得ない側面をもつのである。私たち一人ひとりの生活は、私的領域だけで自己完結することはできないということは当然のことであり、われわれの生活は「共同体」という集団のなかに「社会的」に存在しているのである。

また、生活が社会化していくということについて岩田正美は「社会的共同生活手段や量産商品の利用、社会保障や社会サービスの利用を前提とした、標準的な生活様式が社会の中に確立しはじめ、自由な選択を前提とした個々の生活に対して一種の強制力をもつようになってきている」(12)ことを指摘している。「社会的に標準化された生活様式」は、その達成を第一課題とせざるを得なくしており、社会的に強制された支出部分は固定化せざるを得ない。この標準化された生活様式を営めない人々は、生活困難に陥るだけでなく、社会的結合としての共同社会からも排除されることが、今日的特徴といえる。つまり、社会的共同生活手段を形成するための税金や社会保障の保険料、さらに福祉サービスの利用料などを負担できない人は、特殊な人々として位置づけられ、サービスの利用主体・権利主体と認識されず、通常の社会システムから排除される（social exclusion）という状況がつくられつつある。

生活の社会化は、高齢化を背景にますます進展しつつあり、「標準的な生活様式」が確立してきている。介護問題は多くの個々人の生活の内部に含まれ、それを解決するためには介護サービスが標準として生活に組み込まれていく。つまり生活を営むためには、誰もが介護保険料を負担し、介護サービスを利用するためには利用料を負担することが標準となっているのである。現代の生活は、ますます共同の費用負担、生活様式を強制しつつある。

以上のように、生活は「共同体」とは不可分には存立しえないものであり、さらにその生活の内実も社会化によって社会的な標準様式が強化されつつある。私たちは、その共同体の質と社会的に強制された生活様式をいかに生活する側の意思と選択を強化する方向にすることができるのか、という課題に当面しているといえよう。

その際、協同組合の思想である「一人は万人のために、万人は一人のために」（Each for All and All for Each）という一人をどこまで支えきれるのかという実践が厳しく問われてくる。従来の協同組合は、組合員の組織であることによって、組合員を増やし、組合員のニーズに応えることによって組合員の協同組合へのアイデンティティ、組織力を強化してきた。しかし「共同性」という概念は「同一性」によって排除するという側面をもっている。具体的には出資できない人々、活動できない人々を「排除」する傾向をもつ。先述のように福祉サービスからも「排除される」人々に対して協同組合がどのような役割を担えるのかが問われているといえる。

その課題を受けとめ、解決への一歩を踏み出したのが、先述のくらしの助け合い活動をはじめとした多様な組合員による助け合い活動ではないか。組合員を原則にしながらも活動のなかで組合員を増やし、地域住民を巻き込みながら活動が展開されている。組合員による生活支援活動が「生活共同体」を形成し、生活者主体の生活と地域で支え合える新たな共同体の創造の可能性があることを、以下で事例を通して検証してみたい。

第三節　生活支援活動と協同組合福祉

1　ちばコープの生活支援活動

ちばコープは、現在組合員四四万人、供給高八四七億円という組織である。この市民生協は、一九八四年から「ひとことカード」という組合員の声を集約するしくみをもっている。このカードがおよそ年四万通も集まるという。この「ひとことカード」や組合員アンケートから誕生したのが「おたがいさま」システムである。組合員から「大変に困ったときに助け合えるような組織とか仕組みは少しはあるけれども、ちょっと困ったとき、こんなことは頼めないかな、と思うようなことが頼めるような仕組みは地域にないですね。自分もすごく大変なことは助けてあげられる自信はないけれども、自分にできることで何か人のお役に立てるようなそんなことができたらいい」(13)という声を具体化したものである。一九九九年にスタートし、二〇〇三年度には四万五二〇八時間、利用人数五二四一人、応援人数五二五一人と組合員の一％以上がこの活動に参加している。

「おたがいさま」システムとは、組合員の家事応援（病院の順番取り、薬取りなど）、家事・育児応援（食事づくり、掃除、洗濯、産前産後の手伝いなど）、介護応援（足浴、洗髪、食事・排泄介助、話し相手など）、その他応援（草取り、大掃除など）等、暮らしのなかでのちょっとした困りごとを気軽に応援したり、助けてもらうことができるというものである。このシステムは、組合員、その家族であれば誰でも利用できる。組合員は困ったことがあったとき、「おたがいさま」の事務所に電話をし、あらかじめ登録してある応援者のなかから適任者を探し、利用者と応援者を引き合わせ、活動が開始される。応援時間は通常平日九時―一七時（早朝七時―九時、夜一七時―二〇時、土日祝日九時―一七時）、一時間八〇〇円―一三〇〇円となっている。利用者からは、「コープに入って一番よかったと思ったのは、おたがいさまシステムで、さっそく利用できたことです。先日ひどい下痢になり、食事を作ったり、洗濯を干したり、たたむのがつらくてできなくなりました。その時おたがいさまのことを思い出し、電話をしたら、すぐに手配していただき、ゆっくりすることができました。実家が遠く病気になり、心細くなった時に、すぐ助けていただけるこのシステムは、とてもうれしかったです。おかげさまで、早く治ったように思いました」という評価の声がたくさん寄せられているという。

ちばコープの「おたがいさま」システムは、平成一六年度の『国民生活白書』にも、その特徴を①担い手の自発性を尊重する活動、②提供される事業内容の充実、③信頼できる組織から受けられる満足度の高い活動内容、④目に見える「活動の価値」としての、実感できる「感謝の気持ち」の存在、⑤生きがいや自分らしさ、双方向の活躍の場を獲得できる、という意義があるとして紹介されている。

2　あづみ農業協同組合の生活支援活動

あづみ農業協同組合（以下ＪＡあづみ）は組合員数一万六六九六人であり、福祉活動・事業は一九九〇年から開始し、「助け合い制度」「くらしの助け合いネットワーク『あんしん』」「生き活き塾」「ＪＡあづみ指定訪問介護事業所」「あんしん広場」デイサービス「あんしんの里　榆」を実施・運営している。ここでは一九九八年に開始された「くらしの助け合いネットワーク『あんしん』」に焦点をあてて紹介したい。

ＪＡあづみでは一九九八年、組合員アンケートを実施し、その結果、組合員がＪＡに望む生活支援は高齢者福祉であるということが明らかになった。「最後は介護保険に頼るにしても、それまでは困ったときはお互い様の心で私のできる範囲でみんなが元気に暮らすお手伝いができないだろうか。動けなくなって助けてもらうことも必要だけれども、動けるうちは誰かを手助けしたい。それは小さな努力の積み重ね」という意見があり、池田陽子福祉課長は、「組合員が求めているのは、農協運動の原点に立ち返りお互いに助け合いながら暮らすことである」と考え、JAの福祉活動として「あんしん」を開始したという。この活動の特徴は、協力会員はすべてホームヘルパーの資格をもち、子育ての経験や親の介護の経験もし、自分たちの老後についても地域のなかで元気に暮らしたい、JAあづみの福祉活動をつくっていきたいという組合員の人たちであったという。「あんしん」の活動内容は、食事づくり、掃除、洗濯、草むしり、通院介助等であり、二〇〇三年度は二二七件、三一二四時間の利用があった。

さらにこの活動のなかから「あんしん広場」というミニデイサービスが誕生している。地域で一人ひとりがそれぞれ生きがいをもって暮らせるような場として、参加する人たちもそれを支える人たちも自主的にできることをやるという。具体的にはお茶を飲んだり、絵手紙、歌など、なかには会場の隣に畑を借りて、野菜づくりを行っているあんしん広場もある。そしてこの広場の支え手を地域から生み出すために「生き活き塾」という主体的に農業や料理など生活に根づいた内容を学び合う場をつくっている。年間一〇〇人を超える多くの組合員が参加している。さらにその実践の場としての「ふれあい市 安曇野五づくり畑」は地域の人々との交流の場となっている。

JAあづみの「あんしん」はホームヘルパー資格をもつ組合員によって担われているところが特徴である。これは農業を主体とした地域での女性の仕事づくりという側面ももっているといえる。しかし、専門性を追求するというよりは、同じ地域に生活し、自らの老後も安心して過ごすためにJAによる福祉活動を広げていきたいという目的が明確であり、お互いの生活が〝あんしん〟できるように支え合う活動であるといえよう。

3　家庭内での生活支援活動

ちばコープの「おたがいさま」は家庭内の家事の応援を有償で素人の組合員同士がお互いの時間を共有しながら行う活動であった。「おたがいさま」では、応援者と利用者との関係は、同じ生協組合員であるということであり、このシステムは組合員であれば誰もが利用でき、活動のなかから組合員も増加してきているところに特徴がある。さらに専門性を問われない誰でもできる病院の順番取り、子どもの送迎、犬の散歩などという生活支援活動であり、いつも一方が応援するということではない、応援したり、されたりという相互互換の関係であるところが重要である。しかしこのような関係は自然発生的に誕生して、継続できるというものではない。生協が意図的に、組合員が主体的に活動できるしくみを形成し、応援者と利用者とのコーディネートを丁寧に実施しているからこそ、継続し、活動が活発に展開してきている。

私たちの生活のなかに、このような〝おたがいさま〟システムが組み込まれることによって、ちょっとした、しかし日常生活を滞りなく送っていくためには必要不可欠な活動が保障されるのである。このことは一つひとつの活動がもっている意味以上に一人の生活を安定的に安心してできることを保障するという重要な役割をもっている。

ＪＡあづみの「あんしん」は家庭内の家事を有償のホームヘルパーによって提供するという活動であり、さらにそこからミニデイサービス「あんしん広場」、「ふれあい市」という素人である組合員も主体的に参加し、地域の人々とも交流できる活動等を展開していた。それらの活動は、家庭内領域の家事等の生活支援活動を素人や専門性の低い組合員によって提供し合う活動である。農村地域において、このような〝あんしん〟のしくみがあることによってお互いの老後を支え合い、さらに生きがいのある活動を行い、学び合うという経験を積み重ねていくことが可能となっている。

第四節　協同組合福祉における生活支援活動の位置

1　互助を基盤とした生活支援領域の必要性

家族を基盤とした生活を家庭内に踏み込んで支援する場合、なによりプライバシーの尊重とともに、信頼でき、安心感がもてることが重要である。さらにそこで実際に必要な支援は専門性が高いものではないが、生活に不可欠なもので、日常的に必要なものである。したがって、従来であれば家族内や親族、親しい友人等を含めたプライベートな関係によって提供できたと思われる。しかし、それが困難な状況において、それに近い関係を形成できる組織・サービスが必要となってきている。それを実体化しているのが、ちばコープやJAあづみの協同組合の組合員を核とした地域の助け合い組織＝「生活共同体」である。

生活には、家庭内の領域と家庭外の領域があるが、家庭外の領域においては、社会的領域と家庭を一部含みながら形成される共同領域がある。その共同領域は私的領域つまりプライベート領域と社会的領域つまりパブリック領域の中間領域として位置づけられるが、その共同領域のなかにさらに「生活共同領域」（セミプライベート領域＝互助）、「地域共同領域」（セミパブリック領域＝共助）が設定できるのではないだろうか。家庭機能の脆弱化が相当深刻な今日においては、家庭内により接近したセミプライベート領域ともいえる「生活共同領域」が今日的に重要な意味をもつと思われる。それぞれの領域の位置は表5−1のとおりである。それらの領域と役割、その内容を明確化し、それぞれを担う主体を検討していく必要が

表 5-1　家庭内・外支援の領域設定による分類

	家庭内	家　庭　外		
領　域	家庭内領域	生活共同領域	地域共同領域	社会的領域
主　体	家　族	くらしの助け合い 当事者組織	民間非営利領域	政府・非営利市場
配　分 様　式	自　助	互助（相互扶助）	共　助	公　助
信頼性	愛と信頼	親密感と信頼	連帯と信頼	制度と契約による 信頼
専門性	素　人	素人＋専門性低	専門性低＋専門性高	専門性高

あるのではないかと考えている。つまり共同領域のなかでもより家庭内に深く踏み込み、さらに専門性というよりは信頼性や親密性が重視される領域があるのではないかという問題提起である。

そして表にあるように「生活共同領域」を協同組合の助け合い組織等相互扶助の関係に基づく主体が担っていくことが必要となってきつつあると思われる。相互扶助の関係は自発的であり、お互いに対等な関係であるところに独自の可能性と役割がある。つまり、従来は共同領域全体を互助、共助の関係によって形成するという議論がなされてきたが、共同領域のなかでも互助の関係を基盤としてもつ主体が担うことが適切だと思われる領域を明確にするという提起である。

2　介護保険制度改革と生活支援活動の展望

生活の社会化と家族機能の脆弱化によって従来家庭内にあった領域が家庭外となり、その領域が拡大しつつあり、そのことが介護・福祉サービスの普遍化・一般化という方向性を明確にし、社会福祉制度改革も実施された。介護の社会化は介護保険制度の成立によって確実に進展しつつあるといえる。しかし、本章で指摘してきたように、従来家族機能に含まれ、家族が担ってきた家事を中心とした生活支援・援助に関しては、誰が、どのように担うのか未だ明確な答えはない。

現実には、一九七〇年代前半ボランティア活動や近隣の助け合い活動などの生活支援活動が誕生し、一九八〇年代になり生協のくらしの助け合い活動や社会福祉協議会の有償の会員同士による生活支援（在宅福祉）活動等へと発展し、一九九〇年代の在宅福祉の制度化によって、多様な活動形態・主体による生活支援活動、生活援助事業へ、さらに介護保険を契機にＮＰＯ団体や社会福祉法人、企業等による介護保険事業のなかの生活援助サービスへという形で発展してきた。このような発展は、ボランティア活動や住民参加による福祉活動が制度化につながり、先駆的な役割を果たしてきたと評価できる。

しかし、介護保険制度は急速な高齢化のもと介護ニーズへの緊急的な対応が優先され制度化が急がれたことからも、制度の根幹ともいえる介護保険給付対象事業の種類や要介護認定、保険料・利用料負担等課題は山積している。したがって介護保険制度改革は早急に進める必要があるが、現在進められつつある改革は、「給付の効率化・重点化」をめざし、財政の都合が優先された改革となっている。その文脈で議論され、検討されている介護保険制度改革の論点の一つは、生活援助をどう位置づけるか[14]ということである。これは介護保険法成立前から、介護とは何か、介護保険サービスの範囲はどこまでか、という議論として展開されてきたものである。生活援助は、生活を総合的・継続的に支えるという視点からは、専門性の高いサービスである。たとえば家事の一つである食事を例にしても、単に健康な家族の食事をつくるのではなく、病弱な人に対応できる食事であり、その人の生活歴等を配慮した食事づくりが求められるのであり、生活をバラバラに分解して部品をはめ込むようなサービスを提供するということではなく、自立をめざした援助として提供されるものである。さらに生活問題は多様化・深刻化しつつあり、その改善・解決には専門職の介入が不可欠である。

日本生協連も二〇〇四年九月「介護保険制度見直しに関する日本生協連の要望書」を提出している。そこでは、訪問介護における生活援助の重視を提案し、要介護度の低い利用者に対して早期に生活援助サービスを提供することが自立への意欲を高め、重度化への予防につながっていることを事例調査等から明らかにしている。この指摘は重要であり、生活援助サービスを介護保険の枠内に含めることは必要不可欠である。

しかし、介護保険は生活の一部を支えるものである以上、すべての生活援助を制度内に含めることは限界がある。したがって生活援助については、その一部を専門職によって担い、制度内に含めることは重要な課題であるが、地域での生活を総合的にとらえ、住民が生活者として主体化しつつ、お互いに支え合う生活支援活動は介護保険の基盤として重要な課題となるのではないか。地域社会において、向う三軒両隣という〝おたがいさま〟の関係のなかで、夕食の食材を隣にも持っていくという、いまはもう時代小説のなかでしか登場しないような生活援助を協同組合の生活支援活動は担っている。それは専門的なサービスではないが、家庭を支える活動としては必要不可欠なものである。必ずしも専門職が家庭機能のすべてに対応するのではなく、自分の家庭の延長線にある、自分のコミュニティに居住する人への支援を〝おたがいさま〟の関係で担い合うということは、今後一人暮らし高齢者の増加等を背景にますます重要になると思われる。

おわりに

二一世紀の協同組合福祉は、その独自領域である「生活支援領域」を確立し、生活支援活動をより充実させ、それを基盤とした介護保険事業を展開することが重要なのではないか。協同組合福祉における生活支援活動は、組合員を主体化させ、協同組合の本来の役割である「生活共同体」を形成することができる。組合員を核とした地域住民の〝おたがいさま〟という関係で展開される生活支援活動によって、地域に「生活共同体」が形成されつつある。

くらしの助け合い活動などの生活支援活動によって、組合員は「くらしの助け合いや介護事業、それ以外にもご近所の人たちに助けを求めていかんならん—略—老年代は知恵はあっても力はありません。若い人たちとも仲良しになって、近所の人たちともつきあって、自分でできることは自分でやり……[15]」というように、生協内部にとどまらず地域の人たちとのつながりを大切にし、生活を支え合うことの必要性に気づき、実践してきている。

クロポトキンは、「もっとも遠い人類の祖先の原始的団結様式は、家庭ではなくて、社会、団体、もしくは種族であったのだ[16]」として協同組合の原理である〝相互扶助〟とともに〝団体〟の存在が、人々が生活するためのしくみであり、その基盤であったことを論じている。家族・コミュニティが崩壊の危機に瀕している今、私たちの生活を安定させる基盤は何か。協同組合がもつ「人と人をつなぐ」という相互扶助機能を強化することによって「生活共同体」を形成し、生活基盤を確立することが求められているのではないか。

協同組合が、地域社会に存在することによって、組合員、住民の生活基盤を確立し、その生活を安心・安定していくことに貢献できるのか。協同組合は、多様な人々の生活問題を外から解決するのではなく、組合員、住民が主体化し、生活・家庭そのものに内在化しながら生活を安定させる機能をもつ今日的に最も必要とされる組織なのではないか。

（1） 山田昌弘『パラサイト社会のゆくえ――データで読み解く日本の家族』ちくま新書、二〇〇四年、一七九ページ。
（2） 朝倉美江『生活福祉と生活協同組合福祉――福祉NPOの可能性』同時代社、二〇〇二年、二三六―二三九ページ。
（3） 『朝日新聞』二〇〇四年四月二一日付朝刊。
（4） 小倉千加子『結婚の条件』朝日新聞社、二〇〇三年。小倉は、グローバリゼーションの波を大きく受け、世界的にも同調性の高い国民性をもつ日本には起こるべくして起こった現象であると晩婚化・非婚化の原因を分析している。
（5） NPOの定義は大きく二つに分かれており、代表的なアメリカのサラモンの定義では、NPOは、公共性、公益性、非配当の原則をもつとされ、協同組合は除外される。しかしEUの定義に基づくと「社会的目的をもった自立組織であり、連帯と一人一票制を基礎とするメンバー参加を基本的な原則としている」ものであり、協同組合は含まれる。
（6） 朝倉美江「協同組合福祉の可能性」、『協同組合福祉フォーラム二〇〇四報告集』二〇〇四年。市場化が進むなかで、採算を重視したサービス提供や苦情の増加等の課題が顕在化しつつあるなかで、少数ニーズも受けとめ、利用者主体の質の高いサービスを提供することが求められている。
（7） 厚生省社会局生活課監修『協同による地域福祉のニューパワー――生協と福祉活動』ぎょうせい、一九八九年、五ページ。

（8）朝倉、前掲書、一四九―一五四ページ。

（9）厚生省社会・援護局地域福祉課監修『21世紀の生協のあり方を考える――生協のあり方検討会報告・資料集』中央法規、一九九八年。

（10）山添令子「阪神・淡路大震災後の災害救援の取組みと生協の役割」、『生活協同組合研究』第三二二巻、二〇〇二年。山添は、同じ地域に住む生活者として、地域のニーズを的確につかみ継続した活動につないでいく役割は、生協の最も得意とする分野であり求められている役割であると述べている。

（11）大塚久雄『共同体の基礎理論』岩波現代文庫、二〇〇〇年、一二―一九ページ。

（12）岩田正美「生活とは何か」、江口英一編著『生活分析から福祉へ』光生館、一九九九年、七―九ページ。

（13）村井早苗「『ともに生きる地域づくり』をめざして」、『協同組合福祉フォーラム二〇〇四報告集』二〇〇四年。

（14）現在（二〇〇四年一一月）検討されている介護保険制度改革では、要介護度の低い高齢者が多く利用している生活援助を介護保険から切り離し、介護予防で対応することが提案されている。

（15）朝倉、前掲書、八九ページ。

（16）ピョートル・クロポトキン著／大杉栄訳『相互扶助論』同時代社、一九九六年、一〇二ページ。

参考文献

岩垂弘『生き残れるか生協』同時代社、二〇〇一年。

田中秀樹『消費者の生協からの転換』日本経済評論社、一九九八年。

中村陽一＋21世紀コープ研究センター編著『21世紀型生協論――生協インフラの社会的活用とその未来』日本評論社、二〇〇四年。

野村秀和『生協21世紀への挑戦――日本型モデルの実験』大月書店、一九九二年。

第六章　協同組合における福祉経営の特質と課題

橋本吉広

第一節　介護保険サービスの開始から四年の動向

二〇〇〇年四月の介護保険サービスのスタートから四年を経た二〇〇四年四月一日現在、六五歳以上の第一号被保険者数は二四五三万人（二〇〇四／二〇〇〇年対比一一三・三％）、要介護認定者数は三八七万人（同比一七七・五％）、介護保険給付額は在宅サービス・施設サービを合わせ四一八五億円（四月単月、同比一九一・一％）と、いずれも急速な伸びを示した。

協同組合も、この介護保険法にもとづく居宅サービス事業者の指定を受け介護サービス事業に本格的な参入を行い、二〇〇三年度の介護保険事業の実績は購買生協および総合農協を合わせ二八四億円の実績を上げるに至っている（表6-1）。協同組合における高齢者介護サービスは、それまでの組合員による家事援助を中心とした助け合い活動を引き継いで形成されたが、介護保険事業への参入自体は、介護保険法制定時の衆参両院附帯決議に示された政策サイドの要請に促された面が強く、助け合い活動の経験を手がかりにしながら、この四年余、模索のなかで介護事業の基盤形成が図られてきた。

表 6-1　生協・農協の介護保険事業高（2003年度）

	生　　協		農　　協	
訪問介護	47億6727万円		120億3400万円	
内訳：サービス時間数で見た割合	身体介護	32.4%	身体介護型	22%
	身体・生活複合	19.2%	複合型	29%
	生活援助	45.1%	家事援助型	49%
	区分不明	3.3%	（2001年データ）	
通所介護	11億4080万円		50億1300万円	
福祉用具貸与	6億6871万円		18億2600万円	
居宅介護支援	9億6666万円		16億9000万円	
その他	7176万円（短期入所）		1億9600万円（訪問入浴）	
合　　計	76億1500万円		207億5900万円	

出所：日本生協連およびJA全国中央会の集計にもとづき橋本が作成。生協は日本生協連に加入する地域購買生協で医療生協は含まず，農協は総合農協のみで，厚生連は含まない。

介護保険制度は、社会福祉基礎構造改革の重要な一環として、措置制度にもとづく高齢者介護を契約制度にもとづくサービス提供に転換するなど大きな実験として実施された。このため介護保険法附則第二条は「施行後五年を目途」とした全般的な制度見直しを当初から予定しており、四年を経過した時点での実績にもとづき厚生労働省において精力的な見直し作業がすすめられ、二〇〇五年法律改正に向け、制度改革の大枠が示されるに至っている（社会保障審議会介護保険部会「介護保険制度の見直しに関する意見」二〇〇四年七月三〇日、以下「意見」と略記）。

このような地点に立ち、協同組合においても高齢者介護事業の到達点を総括し、新たな制度改革にどう対応していくかの戦略的検討が求められている。本章は、そうした協同組合福祉の課題について筆者なりの見解を示すことを目的とする。なお協同組合福祉の現状と特質を明らかにするため、株式会社やNPO法人などの動向も参照し検討を試みてみたい。

第二節　介護保険サービス市場における事業者の対応

1　社会福祉基礎構造改革がもたらした構造的課題

社会福祉基礎構造改革では、福祉の「市場化」・「商品化」が一つの論点として論議された。措置制度から契約制度への移行に伴い、規制を緩和することで国家独占状態にある福祉サービスの提供者に多様な民間事業者の参入を図る。その際、市場原理の導入が生む競争的な環境によりサービスの質の向上を図り、利用者本位のサービス供給体制をつくり出すことが、改革理念の具体化として打ち出された。この限りでは、福祉の市場化、商品化が基礎構造改革のキーワードであるとの見方は妥当かもしれない。が、現実に現われた新たな介護サービスの姿は、純粋な市場でもなく、商品でもない。市場制度の諸要素に照らし、介護保険制度が生んだ介護サービス市場の特徴を列挙するならば、以下のような整理が可能である。

①介護保険サービス市場では、利用者は顧客として、どの事業者からサービスの提供を受けるかを選択し、事業者は一般市場と同様に顧客獲得のための営業努力が必要である（「措置」が媒介した従来の関係との差異）。

②介護保険サービスでは、要介護認定を受けた者のみが顧客としての資格を付与され、それぞれに認定された要介護度に応じて決められる利用可能な上限額までの範囲内でサービスを利用する。実際には利用者の購買力＝費用の一割に相当する本人負担分の支払能力が購入量を規定し、事業者のサービスの総供給量は、各事業者がもつサービス提供能力の大小により変動する。ケアプランにより利用の計

画化が図られるが、介護支援専門員（ケアマネージャー）がエイジェント機能を果たす。
③居宅サービスの提供者となるには、人員基準、設備・運営基準などの要件を充足することにより、都道府県知事から指定居宅サービス事業者の指定を受ける必要がある。
④一般市場では競争によって売価が変動するが、介護保険サービスでは売価＝基準額が法定されている（措置制度では原価のみがあって売価はない）。しかし売価の公定にもかかわらず、基準額（収入）とコスト（支出）の関係は事業者に任されており、職員の配置基準などが充足されていれば、コスト管理によって採算性をコントロールできる。また、収益率が高いサービスのミックスにより、事業体としての総収益率を上げることは可能である。
⑤保険者である自治体による評価や自己評価の開示制度が、市場評価と並んで事業者をコントロールする重要な契機になる。
⑥介護報酬収入に加え、保険外の介護サービスの併給＝混合介護が可能であり（医療保険では、原則として混合医療は禁止）、事業者はサービスの複合化ができる。

こうしたサービスの供給システムは、通常「準市場」または「擬似市場」と呼ばれるが、顧客も売り手も制度によって認定・指定されることで市場に登場し、そこでのサービス（商品）の規格や価格もまた制度によって枠組みを与えられている。それは市場化された制度というよりも、「制度が創出した市場」と呼ぶべき内容であり、制度のあり方を問い続ける課題は、依然として大きい。

しかし、この制度改革がもたらした重要な意義は、従来の国・自治体による福祉サービスの「計画」と

「実施」の一元管理を崩したことであり、行政は〝制度が予定する市場〟と〝実際の市場動向〟との間で、報酬改定やサービス内容の変更といった手法を使いながら、計画目的の実現に向かって政策的「調整」を不断に続けるという課題を担うことになった。

さらに、〈家族・コミュニティによるインフォーマルな福祉〉と〈国の制度としてのフォーマルな福祉〉との二分論に立ち、〝権利としての福祉〟を保障するのは国の責務との認識に沿って「制度としての福祉」の拡充を求めるという課題の立て方を見直し、福祉ミックスという視点から、国・地方自治体、福祉サービス市場、そしてコミュニティとの相互関係をどう制御するかという社会にとっての課題が、前面に押し出されることになった。協同組合にとっても、政府・市場・コミュニティと向き合いつつ、福祉ミックス社会のなかでの自らの位置と役割を探ることが、福祉に取り組む限り不可欠な課題になっている。

2 介護保険サービス市場の動向

この四年余り、介護保険サービスの市場の拡大や顧客の参入増があることは先に指摘したとおりであるが、サービス供給サイドの動向はどうだろう。

厚生労働省介護サービス施設・事業所調査によると、介護保険サービスのうち介護保険施設は、二〇〇三／二〇〇〇年対比で、介護老人施設が一一七・七％、介護保健施設が一一七・〇％、介護療養型医療施設が一〇三・七％と、漸増状態にあり要介護認定者の増加率に比べると低い伸びに留まる。地方、居宅サービスでは、サービスの種別により増加率に大きな差が生まれているが、なかでも訪問介護（二〇〇四／二〇〇〇年比一六六・四％）、通所介護（同比一八三・七％）、痴呆対応型共同生活介護（同比八一二・二％）

表 6-2　居宅介護サービス事業の収支状況　（単位：千円，％）

	訪問介護	訪問入浴介護	訪問看護ステーション	通所介護	通所リハビリテーション	短期入所生活介護	痴呆対応型共同生活介護	有料老人ホーム（施設全般）	居宅介護支援
収　益	29,181	1,384	2,063	4,160	5,299	3,627	3,686	40,451	716
費用率	102.0	100.2	83.9	92.6	86.8	85.9	91.9	95.1	120.2
損益率	－2.0	－0.2	16.1	7.4	13.2	14.1	8.1	4.9	－20.2

出所：厚労省老健局「平成14年度介護事業経営概況調査（平成14年３月度の経営結果）」。

など伸長率でも増加数でも大きな伸びを示している。

サービス事業者の面では、新たに参入した営利法人の伸びが顕著で、従来は社会福祉法人が事業所数で最も大きな割合を占めてきた痴呆対応型共同生活介護（いわゆる痴呆向けグループホーム）では二〇〇二年に、訪問介護でも二〇〇三年に営利法人の事業所数が逆転してトップに立った。通所介護でも営利法人の伸びは大きく、居宅サービスにおける営利法人の果たす役割はますます大きくなるものと予測される。

3　介護保険サービス事業者の経営状況

介護保険サービス市場における指定事業者の経営実態については、二〇〇二年度に厚生労働省が実施した介護事業経営概況調査がある。

これによれば、損益率が訪問介護サービスではマイナス二・〇％、居宅介護支援ではマイナス二〇・二％と赤字の実態が示されたが（表６-２）、こうした経営状況にもかかわらず、前述の通り営利法人の訪問介護の事業所数は拡大し、社会福祉法人による事業所数を上回った。これを可能にしたのは、営利法人では訪問介護のなかでも報酬単価の高い身体介護や複合型サービス（三〇分以上一時間未満で生活援助二〇八〇円、身体介助四〇二〇円）の構成比を高めるなど、利益確保に向けた対応を進めた結果であり、

表 6-3　訪問介護事業における経営法人類型別収支構造　（単位：％）

		地方公共団体	社会福祉協議会	社会福祉法人	医療法人	協同組合	営利法人	その他（含NPO法人）
補助金除外ベース	収益①	100.0	100.0	100.0	100.0	100.0	100.0	100.0
	費用②	124.7	112.0	107.3	105.7	98.9	91.4	90.6
	（うち給与費）	（115.3）	（99.5）	（91.1）	（85.1）	（82.9）	（73.8）	（76.6）
	損益（①－②）	－24.7	－12.0	－7.3	－5.7	1.1	8.6	9.4

出所：表 6-2 に同じ。

二〇〇二年度の調査結果では営利法人による訪問介護は八・六％の損益率を確保していた（表6－3）。また営利法人、とくに大手企業では介護保険サービスの開始に伴い株式上場が相次いでおり、活発な資金調達が図られている（一九九九年ニチイ学館、グッドウイルグループ＝コムスン、二〇〇二年日本ロングライフ、二〇〇三年ケア21、セントケア、二〇〇四年日本ケアサプライ、ツクイ、メッセージ）。

この時期、NPO法人も着実に事業所シェアを拡大した（訪問介護二〇〇〇年二・一％→二〇〇三年四・七％、通所介護同一・二％→四・〇％、グループホーム同五・五％→六・二％）。介護NPO法人は生活密着型で密度の濃い介護サービスを有償ボランティアの時期から提供しているところが多く、その体制をベースとして引き継いでいることから給与費率も低く、訪問介護の損益率は九・四％と、法人形態区分のなかでは最も高い経営実績となった。総事業高のなかでの介護保険事業のウェイトを高めているNPO法人では、年間一億円を越える事業高を上げるものも生まれており、またNPO法人では、制度にもとづくサービスだけではなく、高齢者の生活ニーズを満たすため、制度によらない独自なサービス提供を本来事業として続けており、介護保険事業で生まれた余剰金をそうした非制度サービスの財源にあてるところも少なくない。

こうして、営利法人は介護保険市場において「市場選択」を行い、最も利益率の高い市場の顧客（サービス）にターゲットをあて、これに必要な人的・資金的な経営資源を市場から調達し事業に臨み、高い損益率を確保しており、他方、ＮＰＯ法人は眼前のニーズに対応することを軸に、福祉ＮＰＯとしてのミッションへの共感をベースに参集したさまざまな経営資源にもとづいて事業展開することで、営利法人を上回る経営実績を生んでいる。ＮＰＯ法人では、人的にも・物的にもボランタリーに提供される（無償を意味しない）経営資源を基盤にしていることが特徴で、このボランタリーな経営資源の調達力と運営能力が事業を規定しているといえる。営利法人、ＮＰＯ法人ともに、高い経営実績をあげることで、事業所数を伸ばすことを可能にしている点は、表６–３に示されるように、社会福祉法人をはじめ他の法人形態の事業者の停滞状態と好対照をなしている。

第三節　協同組合による介護サービス事業

１　協同組合における慎重な福祉事業への対応

こうした営利法人やＮＰＯ法人の活発な動きに対し、協同組合による介護保険事業の実績は、表６–４が示す通りで、事業所数の伸びに比例し事業高でも堅調な伸びを示しているものの、事業所全体に占める協同組合系事業所の割合はここ四年間ほぼ横ばい状態で、協同組合による在宅サービス事業高の合計二八四億円は、在宅サービス全体の一・一八％のシェア、医療生協・厚生連などによる老健施設・介護療養型

表 6-4　協同組合経営による指定介護事業所数の推移

	年	訪問介護	訪問入浴介護	訪問看護	通所介護	通所リハビリ	短期入所生活介護	短期入所療養介護	痴呆対応型共同生活介護	福祉用具貸与	居宅介護支援
全指定事業所数	2000	100	100	100	100	100	100	100	100	100	100
	2001	118	108	102	114	111	108	109	189	143	116
	2002	126	103	106	131	117	114	124	331	153	121
	2003	160	109	108	156	118	120	124	543	187	135
協同組合系事業所数	2000	100	100	100	100	—	100	—	100	100	100
	2001	129	105	103	152	—	200	—	150	171	131
	2002	131	130	125	174	—	350	—	150	172	132
	2003	146	125	142	233	—	550	—	350	199	147
協同組合系の構成割合	2000	4.6	0.9	4.3	1.1	0.0	0.0	0.0	0.3	3.6	3.3
	2001	5.0	0.9	4.4	1.5	0.0	0.1	0.0	0.2	4.3	3.7
	2002	4.8	1.1	5.1	1.5	0.0	0.1	0.0	0.1	4.0	3.6
	2003	4.2	1.0	5.7	1.7	0.0	0.2	0.0	0.2	3.8	3.6

出所：厚労省介護サービス施設・事業所調査の各年結果より橋本が作成。毎年10月 1 日現在の指定事業所数。各サービスごとに2000年の指定事業所数を100とし，01年，02年，03年の各事業所数を指数化。

注：構成割合（%）は，協同組合系／全事業所。

施設を合わせても、介護給付全体の一%強といったところが、現在の協同組合の介護保険事業におけるシェアとなっている。

こうした現状の背景には、介護保険制度のスタートに向け協同組合に事業参入を強く促す政策サイドの要請が誘因としてあり、組合員からの内発的な事業形成の要求が成熟していなかった点は否めない。しかし、そうした影響にとどまらず生協、農協ともに重大な経営問題を抱えており、本体事業を中心とした経営構造改革を優先的に取り組まざるをえない環境下にあって、福祉分野への腰を据えた展開は一部の協同組合にとどまり、全般的には慎重な対応ぶりが目立ち、高齢社会における協同組合の存在感を積極的に打ち出す状態には至っていない。

2　比重の高い訪問介護サービスでの経営状況

このような慎重さは、協同組合における現在までの介護保険事業の経営実績も要因となっている。それは、協同組合の介護サービスのなかで比重の大きい訪問介護サービスが次のような実態にあるからである。

①事業収益性が全般的に低く、多くの協同組合が黒字を確保できるかどうかという水準にある。

二〇〇二年度介護事業経営実態調査では、訪問介護サービスでの法人形態区分での損益率は表6−3の通りで、地方公共団体や社会福祉法人では給与費率の高さなどから赤字になっているのに対し、協同組合では損益率一・一％となんとか黒字を確保しているものの、営利法人の八・六％、ＮＰＯ法人の九・四％に比べて極端に低い（二〇〇三年介護報酬改定前の経営実績で、報酬改定後の実態調査は二〇〇四年秋に第二回調査として実施されており、二〇〇五年春に発表予定）。

協同組合における介護保険事業は、生協でも、農協でも、くらし助け合い組織による家事援助サービスの利用者と提供者が介護保険制度に移行する形で誕生した。介護保険スタートから四年余りを経過し、利用者の拡大やサービス提供者の新規就労など、新たな要素も生まれているとはいえ、当初の基調は引き継がれている。この結果、非常勤ヘルパーのウェイトが高く（表6−5）、身体介護などを伴わない家事援助を中心にしたサービスに傾斜して介護報酬も低くなる。こうした非常勤体制への傾斜がもたらす就労の不安定さを常勤者がカバーする構造を生み、常勤者の労働も厳しい実態にある。また、本格的に介護サービス事業に参入する見通しが立っていないことから常勤配置も薄いといった、今日の協同組合における平均

表 6-5　訪問介護サービスにおける訪問介護員の経営法人類型別の勤務形態比率

（単位：%）

	総　　数	地方公共団体	社会福祉協議会	社会福祉法人	医療法人	社団・財団	協同組合	営利法人	NPO法人	その他
総　　数	100.0	100.0	100.0	100.0	100.0	100.0	100.0	100.0	100.0	100.0
常勤専従	17.3	31.5	18.7	19.0	26.2	11.3	9.9	17.0	10.7	15.2
常勤兼務	4.3	12.5	5.2	2.8	6.4	1.1	2.3	4.6	4.8	6.4
非 常 勤	78.5	56.0	76.0	78.2	67.4	87.6	87.8	78.4	84.5	78.3

出所：厚生労働省平成14年度介護サービス施設・事業所調査。

的な介護サービスへの取り組み状況がある。

②介護保険事業のスタートから四年を経過し、協同組合での活動経験をもたない人や看護師・介護福祉士など専門職の参加も進み、さらに員外利用の位置づけなどから、協同組合事業としてのあり方に揺らぎがある。

協同組合にあっても急速な介護サービスの事業拡大に対応するため、くらし助け合い活動を経験した組合員のなかからのヘルパー確保では対応できず、新規に被雇用者としてヘルパーやケアマネージャーになる人も増えている。しかし助け合い組織からの移行者は、助け合い活動の経験者であるにとどまらず、組合員活動の経験者が多く、組合員参加の組織文化をもつ人々であり、共通の福祉文化がいまだ形成途上にある現状では「協同組合らしさ」をめぐって、経験者／新参者の間で葛藤もある。さらにくらし助け合い活動のなかで育った「素人性」・「日常性」と、資格に裏づけられた「専門性」との接合も容易ではない。

加えて、介護保険サービスの利用に関しては、組合員以外の利用が法的に許可されたことから、非組合員の利用が広がることで、協同組合の事業としてのアイデンティティに揺らぎが生まれる。また組合員による事業という組織理念に加え、組合財産の利用を非組合員に開放することについては、経営環境が厳しいときだけに経営面から許容されるかとの問いに向き合わねばならない。

③日常のマネジメントに追われていて、理事会としての事業戦略が確立し切れない場合が少なくない。介護サービスは、協同組合に限らず社会福祉法人などを除けば、民間事業者にとっても多くが新規事業であり、事業・経営管理は試行錯誤の過程にある。ＮＰＯ法人のように、福祉ボランティアの経験を引き継ぎ、そのまま介護保険サービスの事業主体ができていて、当事者による意思決定が可能な運営と違い、協同組合事業の一部門として介護事業は、当事者の意思決定だけでは完結しないなど、理事会のリーダシップの発揮の問題とも関連し、運営上の難しさを抱えている。協同組合の存立が問われるときだけに、協同組合トータルなビジョンと一体となった戦略づくりの必要性は自覚されながらも、現実の作業は容易でない。

こうして、現在までの協同組合による介護保険事業は、組合員が蓄積してきた家事援助活動を引き継ぎ、介護保険制度という鋳型に合わせて事業化したという性格が強い。制度サービスは「事業」で、制度外のサービスは「活動」でと、制度／非制度の区分と事業／活動の区分を重ね合わせることで生まれた二〇〇〇年以降の協同組合福祉は、一方で制度にもとづく事業遂行をともかく可能にし、他方で助け合い活動は、介護保険制度ではカバーし切れないサービスを担うことや子育て支援のウェイトを高めるなど、独自な活動領域を模索しながら活動を継続させてきた。しかし、高齢者介護事業としての一体性、総合性に欠け、事業は制度の枠内に限定され、組合員の参加という協同組合事業としての追求が甘くなっているように思われる。協同組合の介護保険事業の核をなす訪問介護サービスが、協同組合事業として十分に展開されない状態で今日を迎えており、こうした到達点にたった協同組合福祉の再構築が大きな課題になっている。

第四節　介護保険制度改革を越えて

1　協同組合福祉が直面する「構造としての問題」

協同組合福祉は、二〇〇六年に向けた介護保険制度改革の輪郭が明らかになるにつれ、いま「構造としての問題」に直面しようとしている。

社会保障審議会介護保険部会の「意見」が提示する制度改革では、協同組合の介護サービスの中心に位置してきた家事援助型の訪問介護サービスは、それらが要介護者の自立にとり明確な効果が確認できないとの理由から、軽介護者を対象とした介護サービスのメニューから削除される可能性が生まれている。さらに農協の助け合い組織が委託されることの多かった、市町村による老人保健事業や介護予防・地域支え合い事業についても適切に事業評価を行い、介護保険制度の「新予防給付」に取り込む可能性が示唆されており、この面からも公的な生活援助の更なる刈り込みが想定される。

こうして二〇〇六年介護保険改革における要支援・要介護1に相当する人々への新・予防給付とは、筋力向上トレーニング、転倒骨折予防、低栄養予防、口腔ケア、痴呆症状の進行や閉じこもりの予防、フットケアなどが例示され、福祉介護から医療介護へのシフトが顕著である。ここには、今後の後期高齢者を対象とした医療制度の分離に備え、高齢者介護サービスの医療保険から介護保険への移行促進を図り、今後の高齢者医療保険への負荷を軽減するとともに、予防の強化を通して医療ニーズそのものを抑制するという二重の意図が読み取れる。
介護保険制度の持続性確保という至上命題に立ち、介護保険料の上昇抑制に向け従来の給付を圧縮するため、増加が顕著な要支援・要介護度1の認定者に対する給付サービスを見直し、介護「予防」という選択的なサービスへの移行を図ることが提起されている。しかし、このことは軽介護者には給付機会そのものを抑え、選択の余地なく必要となる日常の生活援助サービスについては介護保険の対象から外すとなれば、そこには民間介護保険とも連動した制度外の民間サービスか、福祉NPOなどが柔軟に蓄積してきた宅老所に見られる制度／非制度のサービス・ミックスかをめぐる、まさに制度外の「市場」競争が生まれることになる。

こうしたなかで、協同組合は制度改革に伴う活動と事業の再編成の必要に迫られる。改革に基礎を置く「事業」の編成替えに対応して、「活動」サイドの再編も必要になるのだが、その円滑な進捗は可能なのだろうか。協同組合の介護サービス事業は、前述したように与件としての「制度」によって「(ボランティア) 活動」を切り分ける形で形成されたのだが、今回の「意見」に対応するとすれば、「制度」から「活動」に再度切り戻しながら、介護保険制度のもとで増大した生活援助サービスに、量的にも質的にも応える体制をつくることが求められる。しかしくらし助け合いの会が、それに対応できるかといえば、現実には大きな困難を伴うであろう。

したがって、組合員活動と介護保険事業の中間に、制度によらない介護サービス事業を成立させることが課題となる。JA全中では、すでにJAの高齢者福祉事業につきJA公的サービス事業(介護保険サービス・障害者支援制度サービス・市町村委託事業)、JA高齢者生活支援事業(有償で行うJA助け合い組織による活動）、ＪＡ地域ボランティア事業（無償のボランティア活動）の三本柱を二〇〇三年秋に打ち出しており、各事業の位置づけを整理することで、活動（制度外）／事業（制度）の二分論を超える展開の可能性を提示しており、その真価が問われることにもなる。

こうして、介護保険制度の全般的な見直しは、協同組合福祉の全般的な見直しの機会となる。「構造としての問題」から整理するならば、①「制度」のための事業から、いかに離陸を図るかであり、②制度のための事業でも、ましてや協同組合のための事業でもない、介護を必要とする生活者のための事業という視点から、総合的な生活福祉の姿をいかに描けるかであり、③「制度」によって支えられないニーズが存在するとき、これを協同事業としてどう成立させるかという協同の原点に立ち返った構想力が問われることになる。

2　協同組合福祉の第二の地平を拓く

協同組合における介護サービスは、介護保険スタートから四年余りを経過して、活動と事業の相互連携、福祉協同組合や社会福祉法人設立などによる活動／事業の統合や専門化など、いくつかのパイオニア的な展開もあり、これら協同組合のパイオニアが切り拓いた到達点を〝協同組合福祉の第一の地平〟と呼ぶならば、いま向かおうとする課題は〝協同組合福祉の第二の地平を拓く〟ことといえるだろう。

それは、協同組合福祉の第一の地平の到達点を共有財産として踏まえ、協同組合福祉の形成過程における特性と現状、そして、それらが株式会社、ＮＰＯ法人などと比較したとき、協同組合のどのような特質に根ざしているかを明らかにし、本格的な協同組合福祉を実現していくことを意味する。

以下、パイオニアたちが拓いた到達点を念頭に置きつつ、第二の地平を切り拓く上での課題を挙げておきたい。

第一に、組合員参加を思い切って拡張することである。ちばコープでの〃おたがいさま〃活動は、従来のくらし助け合いの会が協力会員（助ける側）と利用会員（助けられる側）による閉じたコミュニティであったのに対し、コープの組合員であれば誰もが〃おたがいさま〃の気持ちで結ばれているというオープンな関係性を基礎にすえた活動になっている。ふだんの暮らしのなかで起こるちょっとした困りごとや手助けがほしいとき、気軽に助けが求められる関係が重視されている。そこにあるのは、人に助けられないで生きる「孤立した自立」より、助けられることで得られる豊さを生きる「開かれた自立」の哲学であり、協同組合における相互自助（mutual self-help）の理念を活かした営みでもある。実際には、助け手に回ってもいい人には登録してもらうことになっているが、全国の生協の助け合い活動では、協力会員の全組合員に対する割合が〇・一―〇・二％程度にとどまるのに対し、ちばコープでは組合員の一％にあたる三五〇〇人の助け手があり、他方、助けて欲しい人は全組合員に広がって、壮大な〃おたがいさま〃コミュニティがひらけていることになる。生協が食の安全・安心を追求するなかでつくり出してきた組合員のつながりをベースに据えた福祉コミュニティへの挑戦であり、介護サービス市場からは生まれない福祉文化が育とうとしている。

第二に、協同組合事業体を、組合員が多様に参加した事業のネットワーク事業体として構成し、当事者の自己決定（経営問題を含め）にもとづいたボランタリー経済の稼働を促すことが大切になる。

前述の通り、介護保険制度改革は、現在の介護保険サービスと自主的なボランティア活動の間に第三の領域を生み出すことを求める。そのためには、活動・事業の区分と、非制度サービス・制度サービスの区分が重なり合ってきた従来の構造から抜け出し、〈非制度〉のなかにさらに〈活動〉と〈事業〉の新たな展開を生み出すことが必要になる。その際には、神奈川の生活クラブ運動が切り拓きつつあるローカル・ユニット方式によるナショナル・ミニマム（最小）を越えた、市民によるコミュニティ・オプティマム（最適）の創造とその担い手としてのワーカーズ・コレクティブの多様な展開に学ぶ点は多い。

また、今後、協同組合福祉の拡大を想定するとき、巨大組織となった現在の協同組合に対応したピラミッド型の単一事業組織は避けるべきで、生活クラブ生協やグリーンコープなどがワーカーズ・コープ、ワーカーズ・コレクティブを基礎に事業所単位、地域単位で進めてきた運営は、事業当事者による自己決定を保障する点でも、また介護サービスを地域事業として成立させる努力を促す点でも優れた実践である。

第三に、ここで挙げる事業構想に対応した組合員の組織政策が必要になる。その際には、高齢者自身の組織参加、活動参加を重要な軸とする必要がある。大阪高齢協では、サービスを利用する組合員像とは異なり、料理でも絵手紙でも、組合員自身が得意とすることをサービスとして相互に提供し合う活動が中心に据えられている。また自らの葬儀のあり方を考える葬送研究会といった東京高齢協のユニークな活動も好評を得ており、それらの活動を通して、組合員は高齢期を生きる意味を発見する体験を重ねている。

こうした取り組みを可能にしているのは、生活者として生きる高齢者自身の協同組織として高齢協が位置づられているからにほかならない。介護保険制度が、協同組合における組合員以外の利用を可能にしたことから、曖昧になりかねない組合員の位置を、協同組合福祉の事業のなかに据え、事業者としての組合員像を浮かび上がらせている点が、協同労働に基盤を置く労協運動から生まれた協同組合らしい重要な教訓といえる。

第四に、人々の力を育てる教育的な実践が強く求められる。現状の到達点からは、この点での先駆的事例の報告は多くないが、この時期に協同組合福祉の質をつくる投資を大胆に提起し、誰も否定しない〝必要性の認識〟を実践に移す決断が必要になっている。また医療生協における組合員の保健学習や、厚生連がＪＡと連携し進めてきた地域保健活動などの地域の健康力を高める経験や、さらには協同組合医療の領域で拓いてきた専門家養成の経験など、協同組合保健・医療の分野で築いた到達点に学び、協同組合福祉の場で創造的に活かすことが可能ではないのか。

第五に、協同組合福祉を地域化することである。事業・活動の単位を地域レベルでつくることを基本とするが、その際には、ＪＡにおける「ＪＡ高齢者福祉事業・活動計画策定」方針とその実践、社会福祉法にもとづいた地域福祉計画策定への参画にとどまらず、独自な市民福祉計画づくりを通してコミュニティ・オプティマムを追求する（生活クラブ・神奈川）などの実績を活かすことが大切である。

第六に、協同組合にふさわし経営資源づくりが必要になる。株式会社が株式市場への上場により短期に資金調達を行い、事業展開への資金力確保を図っていることと対比するとき、施設・土地提供を含む運用資産の確保等の戦略化は、協同組合への期待、信頼と結んだ活動として重要度を増す。また、組合員のなかでの専門職経験者の参加を本格的に開拓することも、重要な経営資源づくりとなる。

介護保険制度改革は、急速に進められようとしている。再度、「制度」に促された事業移行を図るにとどまるか、制度改革を越えた協同組合福祉を形成する協同組合としてのシステム・デザインが、いま求められている。そして、実はその作業とは協同組合福祉の形成にとどまらず、二一世紀の協同組合ビジョンを描く営みとなることを、以上の諸点からも確認できるのではないだろうか。

その意味で、協同組合福祉は新たな協同組合づくりへの先導役を担うものとなる可能性をもっている点に注目していきたい。

参考文献

『介護保険制度の見直しに向けて――社会保障審議会介護保険部会報告・介護保険四年間の検証資料』中央法規出版、二〇〇四年

大阪大学介護保険研究会『訪問介護事業の経済分析』大阪大学大学院国際公共政策研究科山内直人研究室、二〇〇四年

渋谷博史・平岡公一編著『福祉の市場化をみる眼』ミネルヴァ書房、二〇〇四年

二木立「後期小泉政権の医療改革の展望」、『社会保険旬報』第二二二三号、二〇〇四年一〇月二一日

第七章　保健・医療・福祉複合体のマネジメント

――東都保健医療福祉協議会にみる現状と課題――

小川一八

はじめに

1　本章の目的と構成

本章は、保健・医療・福祉複合体[1]（以下、「複合体」と略す）のマネジメント[2]について考察する。考察に際しては、マンパワー（人的資源）とトップのマネジメントを重視した[3]。

本章は三節からなる。第一節では、東京二三区内の病院施設を概観して、医療法人経営の病院施設のあり方について考える。併せて、老人保健施設を経営している複合体の現状を紹介する。第二節では、複合体として東都保健医療福祉協議会を取り上げる。同協議会を構成する医療法人は長年にわたり地域医療を展開してきたが、介護保険施行に前後して、事業を飛躍的に拡大している。現在、全国的には経営戦略として、病院・老人保健施設・特別養護老人ホーム（以下、これを「三点セット」という）を開設する複合体が増えてきているが、まだ一般的とはいえない。とりわけ東京二三区内においては限られる。第三節では、そうした現状を踏まえて、東京二三区における複合体のマネジメントについて考察する。

なお本章は、東京二三区内の複合体に焦点をあてているが、それは二三区内の医療経営がとりわけ困難を抱えていると思われるからである。東京二三区内は地価や給与費が他地域に比べて高いにもかかわらず、医療行為の単価を定めた診療報酬（各医療行為の詳細な単価が決められている価格表）は、全国一律である。このような経営環境のもとでの医療経営に注目してのことである。

2　複合体形成の背景

ここであらかじめ、複合体形成の背景を述べておこう。

一九八一年度からの診療報酬の低改定率にも見みられるように、医療費抑制政策は医療経営を厳しく圧迫し続けている。さらに二〇〇二年度には診療報酬のマイナス改定がなされた。そして、二〇〇二年一〇月からの老人医療費一割負担定率制への移行、二〇〇三年四月からの健康保険本人三割負担による患者負担増による受診抑制は、経営環境の悪化に拍車をかける結果となった。

こうした社会保障制度改革にもとづく医療費抑制による経営環境悪化のもとで、収益事業の拡大という経営的動機と、高齢化に伴う患者や利用者の要求（ニーズ）の変化による保健・医療・福祉の総合的サービス提供の必要性から、事業拡大の可能性をもった事業体は、介護保険を呼び水に医療の分野にとどまらず福祉領域へも参入し、複合体を形成ししつつある。この場合に、施設開設よりも、居宅サービス事業などへの参入を行う事例が多く見られるのが特徴である。また、施設を有する複合体には、医療機関を母体とするものが多い。

3 「連携」について

患者や利用者が、居住地域にある施設や事業体からサービス提供を希望するのは自然であるが、それぞれの施設や事業体が患者や利用者に供給できる各種サービスには、種類や量においておのずと限界がある。患者や利用者の要求（ニーズ）や専門家の判断に対応して、サービス提供を積極的に行う場合、他の事業体やグループとのネットワークにもとづいた「連携」が不可欠となる。そういった「連携」は日常的に行われており、「現実には、連携と『複合体』とは『スペクトラル（連続体）』を形成[4]」している。

こうした、積極的なサービスのコーディネートなしには、事業体に対する患者や利用者の信頼を得ることも、事業体の能力の向上を図ることもできない。この積極性の度合いが、患者や利用者数を左右し、結果として事業体の経営に影響を及ぼすことになる。

第一節　東京二三区内の医療機関と複合体

医療機関は、医療法にもとづく地域医療計画により医療需要が決められ、地域ごとにその病床数合計が定められている。そして、一般に医療機関の病床数と外来者数とは、比例しているといわれている。また、医療機関の収益の多くを占めるのは医療保険収入である。その保険収入は、診療報酬によりコントロールされている。医療経営は、このような公的制約のなかで行われているのである。福祉の領域においても公的制約のなかで事業が行われていることに変わりはない。

1　病院施設数と病床数

表7-1に、全国と東京二三区内の医療機関について、開設主体別に病院施設数と病床数、一施設当たりの平均病床数を示しておいた。表からは、次のような特徴が読み取れる。①東京二三区内の開設主体は、施設総数四三六に対して、医療法人によるもの二三二施設、個人によるもの六七施設である。[5]全国と比べて個人病院の比率が高いといえる。②東京二三区内は学校法人、社会福祉法人が運営している病院の比率が高い。③公的医療機関は、施設数・病床数ともに全国と比べると数は少ない。しかし、一施設当たりの平均病床数は全国の約二倍（全国二五八床、東京二三区五一一床）で、大規模施設が多いといえる。④医療法人によるものは、全国では施設数の約六割、病床数の約五割を占めているが、東京二三区内の場合には、施設数の約五割、病床数の約三割である。⑤東京二三区内には、センター的役割や教育・研究機関の役割も果たしている学校法人や国、公的医療機関が運営する施設が集中している。これらを除くと、医療法人が有する病床数は約四割となる。

なお、東京二三区内で学校法人や公的医療機関が運営する施設の病床数は平均約五〇〇床規模である。また、社会保険関係団体、公益法人、社会福祉法人、営利法人が運営する病院には二〇〇―三〇〇床規模が多い。

東京二三区内で医療法人と個人が経営する病院施設数と病床数を合算すると、施設数では約七割、病床数では約四割を占めているが、一施設当たりの平均病床数は全国と比べると少ない。医療法人の全国平均が一四七床であるのに対して東京二三区は一〇八床、個人の全国平均が八九床であるのに対して東京二三区は六五床で、いずれも約三分の二である。これは東京二三区に特徴的なことといえる。

表 7-1　全国と東京23区内における開設主体別の病院施設数・病床数とその比率（2003年10月現在）

	全国					東京23区				
	施設数	割合（%）	病床数	割合（%）	1施設当りの病床数	施設数	割合（%）	病床数	割合（%）	1施設当りの病床数
総　　数	9,122	100	1,632,141	100	179	436	100	79,109	100	181
国	323	3.5	130,754	8.0	405	14	3.2	6,645	8.4	475
公的医療機関	1,382	15.2	355,917	21.8	258	17	3.9	8,692	11.0	511
社会保険関係団体	129	1.4	37,856	2.3	293	15	3.4	4,618	5.8	308
公益法人	400	4.4	93,696	5.7	234	29	6.7	7,865	9.9	271
医療法人	5,588	61.3	819,697	50.2	147	232	53.2	24,985	31.6	108
学校法人	101	1.1	53,748	3.3	532	24	5.5	14,264	18.0	594
社会福祉法人	167	1.8	30,533	1.9	183	22	5.0	4,456	5.6	203
医療生協	76	0.8	12,149	0.7	160	8	1.8	948	1.2	119
営利法人	60	0.7	13,080	0.8	218	8	1.8	2,301	2.9	288
その他の法人	58	0.6	9,866	0.6	170	—	—	—	—	—
個人	838	9.2	74,845	4.6	89	67	15.4	4,335	5.5	65

出所：全国は厚生労働省統計資料より，東京都23区は医療機関名簿（平成15年）東京都より作成した（ただし，1～19床の診療所の病床は除いた）。

注：国＝厚生労働省，文部科学省，労働福祉事業団，その他。

公的医療機関＝都道府県，市町村，日赤，済生会，北海道社会事業協会，厚生連，国民健康保険団体連合会。

社会保険関係団体＝全国社会保険協会連合会，厚生年金事業振興団，船員保険会，健康保険組合およびその連合会，国民健康保険組合。

次に、医療法人経営の病院施設の病床の種類と規模を見てみよう。表7-2から、医療法人経営の病院は、病床種類別では「一般病床のみ」が最も多いことがわかる。次いで、「一般病床＋療養病床」、「療養型のみ」となる。病床数は、東京二三区内は三〇〇床以下が大多数を占めている。

このことから、医療法人経営の病院施設は、東京二三区内では、①中小規模である、②その多くは高度な医療を対象としていない、③一般病床（精神疾患や感染症疾患、結核などの特殊疾患を除く）が多く、④長期にわたり療養を必要とする患者用の病床や、⑤精神疾患に特化している病院施設が比

表 7-2　病床の種類別・規模別に見る東京23区内の病院施設

	合計	20～49	50～99	100～199	200～299	300～399	400～499	500～599	600～699	700～799	800～899	900～999	1000以上
一般病床のみ	240	81	71	45	13	13	7	8	1		1		
うち医療法人	124	47	48	22	2	4		1					
一般＋療養病床	85	8	32	32	5	5	3						
うち医療法人	55	4	27	20	3	2							
一般＋療養＋精神	2		1				1						
うち医療法人	1		1										
一般＋療養＋結核	1			1									
うち医療法人				1									
一般＋精神	21			1	3	1	3		3	2			8
うち医療法人	2			1					1				
一般＋精神＋結核	5						1			1	1		2
一般＋精神＋感染	2						2						
同上＋結核	3		1					1				1	
一般＋感染	1											1	
一般＋結核	5		1	1		1						2	
療養型のみ	55	14	24	16	1								
うち医療法人	37	7	16	13	1								
療養型＋精神	4					1	2			1			
うち医療法人	2					1	1			1			
精神のみ	12	1	3	2	2	1	2						1
うち医療法人	8		3	2	1	1	1						
病床施設数	436	104	133	98	24	22	21	9	4	4	2	4	11
うち医療法人	232	58	95	59	7	8	2	1	1	1			

出所：医療機関名簿（平成15年）東京都を使用した（ただし，1～19床の診療所病床は除いてある）。
注：病院の病床は，医療法によって次の5種類に分類されている。
①精神病床＝精神疾患を有する者を入院させるためのもの。
②感染症病床＝感染症の患者を入院させるためのもの。
③結核病床＝結核の患者を入院させるためのもの。
④療養病床＝上記以外の主として長期にわたり療養を必要とする患者を入院させるためのもの。
⑤一般病床＝上記以外の病床。

較的多い、などがその特徴としてあげられる。

2　医療法人が経営する病院施設のあり方

見られるとおり、医療法人経営の病院施設は、東京二三区内においては中小規模であることがその最大の特徴である。収益や資金、人材確保のいずれにおいても大規模病院には劣る中小規模病院にとっては、地域の患者や利用者の多様な要求（ニーズ）を引き出し、中小規模なるがゆえの機動性を発揮して、他の施設、医療機関との「連携」を積極的に図ってこれに応えていくことが、大規模病院以上に必要であろう。地域にあって、地域に生かされる経営であることが、中小規模病院には欠かせないし、経営戦略として現実的であるように思われる。東京二三区内のように狭い地域に病院が競合し合っているような経営環境下[6]では、医療法人経営の中小規模病院は、とりわけ近隣地域住民をターゲットに地域医療を重視する姿勢が求められるといえよう。

3　東京二三区内に老人保健施設を有する法人・グループ

老人保健施設の開設は、医療法人、社会福祉法人、地方自治体、その他厚生労働大臣が定める者とされている。また、特別養護老人ホームは、社会福祉法人、地方自治体とされている。

老人保健施設は「家庭復帰、療養機能」を目的として、対象者を「病状安定期にあり入院治療する必要がないが、リハビリ、看護、介護を必要とする寝たきり老人等[7]」とされており、具体的には、在宅と一般病床との間にあって、施設と在宅とをつなぐ中間的入所施設として補完的な役割が求められている。

表 7-3　東京23区内に老人保健施設を開設している法人・グループ

総計60法人・63施設（2004年６月現在）	
(1)　社会福祉法人開設[1)]	８法人・８施設
(2)　医療法人開設	44法人・47施設
①　老人保健施設のみ	８法人・８施設
②　診療所（病床なし）＋老人保健施設	13法人・16施設
③　病院＋老人保健施設	23法人・23施設
一般病床のみ＋老人保健施設	10法人・10施設
療養病床のみ＋老人保健施設	なし
一般・療養病床＋老人保健施設	８法人・８施設
精神病床を含む＋老人保健施設	５法人・５施設
(3)　その他の法人が開設[2)]	４法人・４施設
(4)　広域に施設を展開する法人[3)]	４法人（グループ）・４施設

出所：「東京都介護サービス情報」(http://www.kaigohoken.metro.tokyo.jp/rakuraku/) より作成。
注：１）社会福祉法人救世軍社会事業団，東京愛育苑，上智社会事業団，爲宝会，さくら会，長寿村グループ，康和会，台東区社会福祉事業団。
２）社団法人地域医療振興協会，社団法人全国社会保険協会連合会，国家公務員共済組合連合会，東京保健生活協同組合。
３）葵会グループ，丸山会，翠会ヘルスケアグループ，明芳会。

東京二三区内の老人保健施設を有する法人やグループの現状を、開設主体別に分類したものが表7-3である。

六〇法人が運営する六三施設のうちで医療施設を有していないものは、社会福祉法人開設の四施設だけである。

東京二三区内の二〇九の医療法人が経営する病院が二三二施設あるのに対して、「病院＋老人保健施設」は二三法人二三施設で、まだ一割程度にすぎない。しかし、六二施設中、医療法人経営は四七施設と四分の三を占めている。

このように、病院を経営する医療法人で、同時に老人保健施設を開設している法人はまだ少ないが、老人保健施設を経営する法人には医療法人が多いのである。なお、この「病院（一般病床のみ）＋老人保健施設」を経営する医療法人のなかに、後述する東都保健医療福祉協議会を構成する特定医療法人健和会も含まれている。

医療法人経営の「診療所＋老人保健施設」は一三法人一六施設（うち三法人が各二施設を開設）と多いが、これは全国調査結果と同じ傾向を示している。(8)

また、六三施設中には、特別養護老人ホームを自己またはグループで運営している七法人が確認できる。このうちで、東京二三区内に三点セットを展開しているのは、社会福祉法人救世軍社会事業団、上智社会事業団、康和会、翠会ヘルスケアグループ、そして東都保健医療福祉協議会である。こうしてみると、東京二三区内に三点セットを有している複合体はきわめて少ないことがわかる。それだけに東京二三区では「連携」に依拠する割合が高いと考えることができる。

第二節　東都保健医療福祉協議会にみる複合体の現状と課題

1　東都保健医療福祉協議会

東都保健医療福祉協議会（以下、協議会と略す）には、表7-4にあるように一六の法人が加盟している。過去三年間の「協議会だより」を見てみると、各号二八―三二頁で、特集号では五〇頁を超えるものもある。相当な労力をかけて毎月発行し、構成法人の全職員に配布されている。職員との情報の共有化を重視していることがうかがえる。

協議会の発足は、二〇〇三年一〇月である。「協議会だより」（第五五号、二〇〇三年一一月一五日付）収録の「東都保健医療福祉協議会の発足について増子忠道・協議会議長に聞く」には、協議会発足の経緯が説明されている。増子氏はそこで「健和会グループという名前で一九九五年頃から活動を続けてきました。

表 7-4　東都保健医療福祉協議会加盟法人とその事業内容・施設数

	病院	老健	診療所	訪看	歯科	在支	訪介	デイ	特養	GH	併設・事業内容など
健和会	3	1	11	14	3	2		1			2研究所，補助器具センター，病院は2005年4月1開設予定を含む
健愛会			1								
南葛勤医協	1		3	4			1				健診センター
アカシア会			1							1	精神障害者地域生活支援センター
ファミリーケア							17	5			施設，給食，運転・輸送・物流
すこやか福祉会								5	1	4	保育園，学童保育所
福祉協同サービス											福祉用具，住宅改修
保健医療福祉協同組合											共同事務センター，情報システム
その他8法人											介護相談室，研究所
計16法人	4	1	16	18	3	2	18	11	1	5	

注：老健＝老人保健施設　訪看＝訪問看護ステーション　在支＝在宅介護支援センター　訪介＝訪問介護事業所　デイ＝デイサービス・デイケア　特養＝特別養護老人ホーム　GH＝グループホーム

これは、実際上、健和会を母体として、そこからいろいろな歴史的な経緯で出来てきた法人を一つのグループとして運営するためにそういう機構をつくったものです。それ以来、私が議長を続けています。……九八年頃からは『健和会グループ・協議会』とか『協議会』という表現で、徐々に『協議会』という名称が前面にでるようになりました。その趣旨は、グループ的な内容をもっているけれども、……全体の活動をトータルに発展させるという立場に立っていたために、名称も『協議会』の方がふさわしい、という事になったんですね」と語っている。

また、「協議会の本来の目的は、それぞれの法人が、民医連〔全日本民主医療機関連合会〕の方針や地域の要求（ニーズ）に基づいて活動を発展させる、お互いのもっている力を協力しあってやる。」「多様性の中の統一、統一の中の多様性」であり、協議会の決定は「各法人の命令関係、上下関係になるものではありません。協議会の法人代表者会議で決まったことは、各法人の最高議決機関で決まって初めて有効になります。ですから、基本的には全員一致が原則なわけですね」と述べて、各法人、各事業所の自主性の尊重など、協議会の理念と運営方法を示している。

さらに「協議会に入らない法人でも、共同事業をするために保健医療福祉協同組合〔後述〕に入る可能性はあります」と他の事業体との経営面での協力関係の可能性にも言及している。このことは、各地に見られる医師会加盟の医療機関による事業協同組合＝共同事業を想起させるが、「地域づくり」＝共同事業という着想で事業協同組合が構想されているとすれば、これはユニークな実践に発展する可能性を秘めていると思われる。

協議会加盟の法人施設は、近隣自治体へ広域に展開しているが、東京都足立区柳原・北千住、足立区東部、葛飾区、墨田区、江東区、江戸川区、埼玉県三郷市・八潮市、千葉県松戸市、東京都港区に地域分けがなされている。加盟各法人や事業所は各地域の特性に応じて事業を展開しているが、「協議会だより」には、協議会の役割は各地域と各法人の調整と連携にあると述べられている。

また、患者や利用者、さらに地域の住民が加盟する「健康友の会」が、上記の各地域に組織されている。保健・医療事業は、患者や利用者はサービスの受け手であり弱い立場にあるという認識を前提にサービスの提供を行う必要があることは言うまでもない。その意味では、「友の会」が、時には事業体と協力し、時には対峙する必要もある。そのような患者や利用者の立場に立った自立した組織は必要不可欠といえよう。

協議会に加盟する法人事業所全体では、二〇〇三年度の月平均入院数は約八二〇件、外来数約三万二〇〇〇件、在宅訪問（往診）約一三〇〇件、訪問看護約九五〇件、通所介護約五五〇件、訪問介護約八五〇

件、グループホーム約三五件、ケアプラン約二一〇〇件となっている。

職員数は、常勤職員が約一二〇〇名、非常勤職員数が約九〇〇名である。

協議会を構成する事業体のなかで、医療法人は、健和会、健愛会、南葛勤医協、アカシア会の四法人である。社会福祉法人すこやか福祉会は、特別養護老人ホーム、グループホーム、デイサービスセンター、保育園、学童保育所を運営している。(株)ファミリーケアは各地域に事業所をもち、訪問介護、デイサービス、訪問入浴、福祉タクシー事業を行っている。また、施設・給食、運転・輸送・物流の事業も行っているが、今後、協議会内の別法人への事業移転も検討しているようである。(株)福祉協同サービスは、福祉用具・住宅改修の事業を行っており、協議会以外の法人グループとの共同事業として同様の事業を行っている。このほかに、八つの法人が協議会に加盟しており、各事業体どうしがサポートしあい、全体を補完しつつ発展を図っている。

また、協議会参加の法人を構成員として、事業協同組合として保健医療福祉協同組合を結成している。組合には、協議会には加盟していない一医療法人と二社会福祉法人も加わっている。主に共同購入、情報システム管理がその事業内容である。

2　協議会加盟法人の現状と課題

(1)収益とそれを支える経営戦略

協議会加盟法人の収益を合算して、その動向を見てみよう。一九九九年度から収益の内訳を経年的に見ると、健和会の収益は一〇〇億円程度で変わらない。協議会全体を合算すると、二〇〇三年度には収益は二〇〇億円近くにのぼっている。介護事業への参入と、アウトソーシングできる業務を他の協議会加盟法人に委託することで、収益の拡大が図られたと考えられる。収益規模としては、スケール・メリットが生じる水準にあるといえる。(9)

協議会内では、その発足以来、特定医療法人健和会が事業収益の圧倒的多くを占めていることは一貫している。

健和会に特徴的な点は、二〇〇〇年四月の介護保険施行前後より、医療と福祉を組み合わせて事業拡大を図り、収益を伸ばしていることである。これは、新規事業に取り組み、それがたまたま成功したというものではない。早くから福祉の分野に医療側からアプローチしている点に特徴がある。(10)

健和会の歴史は、一九五一年五月の柳原診療所（現在の柳原病院）の開設に始まる。

柳原病院は、その訪問看護が全国的にも注目されている。訪問看護は、柳原病院が開所以来行ってきた往診活動を広げて、一九七七年に病院内に地域看護課を設立して専門看護師を配置し、訪問看護を行ったことから始まった。ちなみに、この時期には、訪問看護に対する診療報酬は認められていない。また一九八四年には臨床看護学研究所・臨床疫学研究所を開設している。さらに一九九二年には北千住訪問看護ステーションを開設している。これは東京都では最初の試みである。つづいて一九九四年には、厚生省のモデル事業として「二四時間巡回型在宅ケアモデル」に取り組み、在宅医療のパイオニアの役割を果たしてきた。現在、協議会全体では、一八の訪問看護ステーションを開設している。

これらは、先を見通した事業開発への投資が結実した事例と言える。その基本には、地域の要求（ニーズ）に根ざした経営姿勢がある。これはマーケットの新規開拓につながり「他の追随を許さないで先行」

するという点で、競争原理に適った経営戦略といえよう。

注目すべきは、往診や訪問看護において、広く浅くではなく自分たちが責任の負える範囲で行う「地域限定主義」を実践したことである。増子氏は自著のなかで、いろいろと反対もあったが「要するに、在宅医療・往診や訪問をやる地域を決めた」と述べている。対象地域を限定し、責任の負える範囲を絞ることで質の維持と技術の向上をめざす、これは患者や利用者からの信頼につながる。さらに、他地域への拡大の可能性につながるのである。

健和会は、一九九二年には健和会補助器具センターを開設した。これは、デンマークの経験に学んだものである。実際、デンマークの福祉機器センター(11)と健和会補助器具センターには共通する点がある。デンマークの場合、「福祉用具、生活便利品、住宅改造に関する一般的アドバイスおよび指導」は主に市町村が対応し、福祉機器センターは「市町村で対応しきれない非常に特殊で、個別性の高いケース」を担当している。

同様に、健和会補助器具センターも特殊で個別性の高いケースを担当し、関係事業体への指導や教育を行っている。スタンダードな対応は、協議会を構成する(株)福祉協同サービスの介護ショップや各事業所が対応するといった役割分担が行われている。このように、健和会補助器具センターと介護ショップの関係には、経営戦略における分化と統合の構図を見ることができる。

福祉用具・住宅改修の要求(ニーズ)の広がりは、介護保険施行後、この数年の用具貸与や用具購入、住宅改修の利用者数や金額の伸びをみてもわかるが、急成長を遂げている。筆者には、この補助器具センターが、いまはたとえ不採算部門であったとしても、かつて開発部門であった地域看護課と重なって見えるのである。

このように、先を読み絶えず新しい試みに挑戦する。そして、そうした日々の実践の積み重ねで収益の拡大を図っていくことがマネジメントの原則であろう。

(2) 人件費

一般的に、医療系と福祉系とでは、たとえ資格を伴う職種、看護師や介護ヘルパーであっても賃金に格差があり、それぞれ別体系となっている。協議会においても、医療系と福祉系の賃金体系は異なっている。労働組合との団体交渉も医療系と福祉系では別々に行われているようである。

経営分析の指標として重視されるものに、人件費比率（収益に対する人件費の比率）がある。ちなみに、病院の場合には一般に五〇%前後といわれ、五〇%を下回ることが目標とされることが多い。

健和会の人件費比率は、一九九九—二〇〇三年度でみると六〇%前後で推移している。訪問介護や通所介護等を行っている(株)ファミリーケアの場合はほぼ七五%である。しかし、協議会加盟の法人・事業体を合算してみると、人件費比率は五〇%以下となる。このように人件費比率ひとつをとっても、複合体は全体として見ないことには、その実態はつかめないのである。(12)

3　複合体の条件

すでに触れたように、健和会は地域密着型の医療をめざし、多くの事業所やサービス事業を展開している。訪問看護ステーションや在宅関連施設、事業所の多さと実践の内容、先進性という点でも目の離せない存在である。

三つの研究所を有し、関係者による著作の多さも、健和会の特徴である。[13] これは知的資産であり、付加価値といってよい。この付加価値は、医療系、福祉系を問わず、すぐれた人材を獲得うえでも有効に作用しているはずである。ここに、健和会の他の一般医療系複合体にはない特徴と先進性があらわれており、経営トップのマネジメントの確かさがあらわれている。

財務担当者への聞き取りから、財務データは、翌月の下旬に最終集計され報告されているとうかがった。現状では、リアルタイムを基礎とした管理会計手法を発揮するまでには至っていないようである。しかし、増子氏の話[14]から推して、現場との日常的なコミュニケーションと窓口動態等（外来患者数、入院数、退院数、稼働職員数等）を注視することで、状況は日々把握されており、財務データはのちにその検証のために使われているというのが実情のようである。財務データをリアルタイムで把握するにはコストが伴う。現段階においては、この方法が実際的なのかもしれない。

調査をとおして、健和会の多岐にわたる事業展開を掌握し管理するには、豊な経験と力量をそなえたトップとそれをサポートするスタッフの存在、マンパワーがあると推察された。このマンパワーの存在は複合体の形成と運営にとって必須の条件といえよう。

第三節　東京二三区内における複合体の課題

東都保健医療福祉協議会、とりわけ健和会の事業展開を手がかりに、東京二三区内における複合体の課題について考察してみたい。

1　複合体のマネジメント

すでに触れたように、患者や利用者の要求（ニーズ）に応え、かつ経営効率を向上させることが複合体形成の目的と考えられる。

患者や利用者の多様な要求（ニーズ）に対しては、複合体内の各事業体と協働してサービス提供を行う。提供できないサービスであれば、他の事業体や他のグループと「連携」してそれに応える。ただし、そこではサービスの質がつねに問われていることを忘れてはならない。

経営効率の向上に関しては、短期的な成果を求めるあまり、質をないがしろにした効率第一主義は厳に戒めるべきである。

医療や福祉は利益の薄い事業である。[15] したがって、利益の確保は規模と事業領域の拡大によって図られる必要が生じる。しかし、拡大とリスクは背中合わせの関係にもある。したがって、複数の事業体で構成される複合体には、先を見通した総合的な戦略にもとづいた、質の重視とコスト削減の具体的な経営政策＝マネジメントが求められるのである。マネジメントには、トップの意志と能力が欠かせない。[16] 複合体におけるマネジメントの検証と理論化が今後の重要な課題となるであろう。

2　施設用地の確保

東京二三区内で複合体を形成するうえでの難関は、施設用地取得の困難さにある。それは二三区内に三点セットを有する複合体の現状からも推察できる。これは、決して複合体に限られた問題ではない。しかし、病院・老人保健施設・特別養護老人ホームを所有し、複合体を形成する場合に、東京二三区での用地確保には大きな困難が伴っている。意欲のある民間の事業体にとっても、東京二三区内に用地を確保するのはなかなか難しい。そのために、既存の事業体や施設との「連携」にとどまりやすい。これは、東京二三区に特有の問題である。高齢社会のもとでの保健・医療・福祉を考えるとき、地価対策と施設用地確保は、行政にとっても喫緊の課題であろう。

3 経営情報の開示

医療、福祉を問わず、現状においてはその経営情報が患者や利用者、地域に開示されているわけではない。経営情報の開示は患者や利用者、地域の信頼を得るためには欠かせない。開示方法の吟味は必要だが、情報の積極的開示は今後、医療や福祉の経営戦略において必要となろう。少なくとも選択肢として検討されるべきである。同時に、情報開示が各事業体独自の「ものさし」で行われたのでは、患者や利用者には十分判断できない。統一的な開示基準が必要になる。経営内部においても、日常的な監査システムが必要である。

複合体は、複数の事業体で構成されているだけに、とりわけ経営情報が見えにくいという特性がある。この点も考慮する必要があろう。

4 ミッション（使命）

ミッションは、事業を行う場合にはつねに必要である。とくに非営利を基本とした組織においては、ミッションが重視されなくてはならない。

古くは医師の「ヒポクラテスの誓い」、看護師の「ナイチンゲール誓詞」など職能レベルの倫理観、あるいは全国組織が掲げるミッション等[17]、医療領域では全体としてミッションを重視してきたといえる。最近では、多くの病院など医療施設が、その歴史や環境を踏まえて独自のミッションを提示し、他との差異化を図る例も増えている。これは福祉施設においても同様である。

広域かつ多種にわたる幅広い事業展開を行う複合体では、人材の確保と組織的な意思決定は欠かせない。人材の確保と組織的な意思決定にはミッションは不可欠といえる。複合体においては、確たるミッションにもとづいて、職員だけでなく、患者や利用者、地域にも問題提起を行い、ともに共通の認識をつくりあげていくことが理想といえよう。その際、問題提起がトップによる一方的なものにならないように、双方向性を大切にしなくてはならない。双方向性を担保するうえでは、経営情報の開示とミッションは欠くことのできない要素といえる。

5　労働条件の整備

医療・福祉は労働集約型といわれる[18]。サービス提供の対象は患者や利用者であり、労働内容の多くを対人ケアが占めている。したがって、医療・福祉においては、その労働の内容がサービスの質を規定する。それだけに労働に対する投資は欠かすことができない。その意味で、人材の確保とならんで労働条件の整備が大きな課題である。

6　外部委託（アウトソーシング）

外部委託（19）（アウトソーシング）をどのように見るか。

赤字だからといって当該部門を外部委託に出し、職員を簡単に解雇したり職種を変更したりしていては、職員全体の志気にも影響して、結果的にはマイナスとなる可能性をはらんでいる。外部委託によって質的低下をきたした例も少なくない。しかし、経営効率の向上を図るうえでは、外部委託は様々な問題があっても検討せざるをえない課題である。

給食部門を例に考えてみよう。

従来は当該の病院給食を作るだけであった部門も、新しい調理技術・システムを導入し、衛生管理の向上を図って、他の医療機関・施設等への給食事業を行い、さらに、地域住民に食事の配達を行う等の可能性を追求することも必要である。これを、患者や利用者、地域の要求（ニーズ）を汲み上げて新規事業として取り組むならば、収益増や職場の活性化にもつながる。

その際、大切なのは、トップが確かな経営方針を示すことで、職員の配置・異動も含めて納得を得、職場の一人ひとりが方針を共有して、新しい事業に対して創造的に取り組むことができるかどうかという点にある。これは新規事業の継続性という点でも重要である。

このように、単に外部委託を考えるのではなく、複合体内に新規事業体を興すという発想も必要である。

7「施設から在宅へ」の流れ

二木氏は「病院だけでなく診療所も、本格的に地域ケア・在宅ケアに取り組もうとすると『複合体』を形成する必要にせまられることもある」[20]と述べている。筆者も、現在の医療費抑制政策と高齢化の現状から、人口の集中が進み施設不足が顕著な大都市部の中小規模病院や診療所の経営にとって、在宅医療の位置づけが今後ますます重要になると考えている。

厚生労働省の「施設から在宅へ」という方向性は、医療費抑制という思惑もみえるが、質の確保を前提にした「施設から在宅へ」の方向は、患者や利用者も含め一致できるものであろう。複合体にとって在宅医療への取り組みは一層重視すべき課題である。

8　新しい経営手法を視野に入れたマネジメント

足立浩氏によるアメリカ複合体の報告[21]に見られる、デイタイムでの財務報告と経営分析が、今後の医療経営には欠かせないものとなるのではなかろうか。コンピュータや通信機器の進展から、システムを低コストで導入することも可能となろう。

リアルタイムでの財務データ把握にもとづく経営状況の分析を基礎にして、管理会計手法による複合体のマネジメントが、これからの複合体経営には不可欠である。したがって、それを担う人（マンパワー）の存在と、ミッションの戦略上の位置づけがますます重要となる。

ちなみに、最近注目されている戦略的経営手法の一つに、バランスト・スコアカード[22]（ＢＳＣ）がある。ＢＳＣとは戦略マップ・スコアカードによって戦略遂行の道筋を明確に描き出し、財務、顧客、業務プロセスおよび学習成長という複数の視点において戦略目標を達成するためのプランのことである。欧米の医療機関で導入され、日本の医療機関においても先進例が報告されている。この手法においては、ミッション、ビジョンと戦略が重視され、強力なトップのマネジメントが前提となる。今後、取り入れる医療機関は増えると予測される。
医療・福祉経営においても、ＢＳＣも含めて絶えずさまざまな経営手法に学んで、これらを導入することも視野に経営実践を行う必要がある。一般企業経営から学べる点があれば、積極的に吸収する必要があるといえる。

おわりに

複合体における情報開示はまだまだ十分でなく、経営分析上、制約も多い。また、それぞれの複合体には、形成・発展に固有のプロセスがあり、これを一律に比較・検討してみても、あまり意味はない。複合体の経営分析は、その方法の彫琢も含めて今後の課題というほかない。筆者はまだその入り口に立ったばかりである。

ただ今回、東都保健医療福祉協議会を調査させていただいて、増子氏の存在を無視してはその実態は語れないとの思いを強くした。あらためてトップのマネジメントの重要性を再認識し、経営システムを使うのは人（マンパワー）である、「どんなにすばらしい方法やシステムが存在していたとしても、それを使いこなすのは人である」という筆者の持論が確かめられた思いがある。個々人の力量や経営システムのどちらか一方だけでは、事業経営は成り立たない。その調和とバランスで経営は成り立っている。そして、人もシステムも新陳代謝は避けられない。絶えず新しい人とシステムを取り入れて、進化し続けることが必要なのである。今回の調査はそれを裏づけるものであった。今後も東都保健医療福祉協議会とりわけ健和会については、定点観測を続けていくつもりである。

（1）二木立氏は「『保健・医療・福祉複合体』は、最も広くは『母体法人』（個人病院・診療所を含む）が単独、または関連・系列法人とともに、医療施設（病院・診療所）となんらかの保健・福祉施設の両方開設しているものと定義」し、病院・老人保健施設・特別養護老人ホームを開設しているグループを「複合体の典型・中核である」としている。そして、複合体には医療機関を母体とするものが多いとしている（同氏『保健・医療・福祉複合体――全国調査と将来予測』医学書院、一九八八年。なお、同書によって「複合体」の概念が広く認識された）。

（2）「マネジメント」について『広辞苑（第四版）』には「管理。処理。経営。」とある。また、P・F・ドラッカーは「マネジメントは、成果に対する責任に由来する客観的機能」（上田惇生訳『マネジメント――基本と原則（エッセンシャル版）』ダイヤモンド社、二〇〇一年）であり、「マネジメントとは、トップマネジメントのことである」（上田惇生訳『チェンジ・リーダーの条件――みずから変化をつくりだせ！』ダイヤモンド社、二〇〇〇年）としている。

（3）特定医療法人健和会元理事長で東都保健医療福祉協議会議長の増子忠道氏は、自著のなかでこう述べている。「……私は現場に行って、みたり、話を聞いたりするのが好きで、よく出かけますが、そういう時に、新しい考えが浮かんできたり、確証したりすることが多いですね。何か外部から刺激があると考えていることが動いて、次第にまとまっていく」と（三浦聡雄・増子忠道『東大闘争から地域医療へ』勁草書房、一九九五年）。同様に、トヨタの渡辺捷昭副社長も対談で「われわれの言葉でいうと、『現地現物主義』になります。机上で考えるのではなく、現場に行ってみて、事実から発想する。だから内のトップはみんな細かくて、色んなことに気づくんです（笑）」と述べている（「純利益一兆円『怪物企業』の挑戦」、『文芸春秋』二〇〇四年八月号）。

筆者は、医療・福祉の分野においても、対極的なモノづくりの分野においても、経営トップの考え方や経営手法には共通点が多いと考えている。ここでは両者の共通点として、実際の現場の発想を重視していることに気づく。

(4) 二木立『医療改革と病院』勁草書房、二〇〇四年、九九ページ。

(5) 一つの医療法人が複数の病院を経営している例を見ると、東京二三区内においては一四法人が二病院を、一法人が四病院を、同じく一法人が七病院を経営している。七つの病院を経営する医療法人財団慈誠会グループのホームページ(http://www.jiseikai.or.jp/)を見ると、ほかに老人保健施設を埼玉県新座市に、特別養護老人ホームを東京二三区内に開設している。

(6) 「地域医療」の定義をめぐっては議論がある。ここでは「身近な地域を対象にしたプライマリー医療」を「地域医療」とした。

(7) 日本医療福祉建築協会編『医療・高齢者施設の計画法規ハンドブック——建築に関する基準の概要と留意点(改訂版)』中央法規出版、二〇〇一年。

(8) 二木、前掲『保健・医療・福祉複合体——全国調査と将来予測』。

(9) 厚生労働省医政局の平成一三年度「病院経営指標(医療法人決算分析)」によれば、政令指定都市の場合には病床利用率は約八〇%、患者一人当たりの入院収益は二万七九九一円とされている。筆者の調査では、医療法人が経営する中小規模病院の病床利用率は七五—九〇%、患者一人当たりの入院収益は二万四〇〇〇円—三万八〇〇〇円程度であった。入院収益に対して入院外収益はその二分の一として、単純に病床数で勘案すると、収益二〇〇億円ということは、一〇〇〇床以上の病院に相当すると考えられる。サービス内容に違いはあるが、医療法人経営の病院と比較すると、この収益規模からはスケール・メリットが生じるといえる。

(10) 健和会のホームページ(http://www.kenwa.or.jp/houjin/kenwakai.html)より「健和会五〇周年のあゆみ」を参照。

(11) 財団法人テクノエイド協会『福祉用具調査訪問報告書』平成一三年三月。

(12) 川上武氏は、「日本の医療は、病院チェーンの時代は過ぎ複合体の時代に突入した。そのため、個々の病院の機能(質)の評価だけでなく、複合体との関連でみないと全体像はとらえられない。ただ、複合体の形成過程は多様であり、一体として機能評価するのは困難」としている(同氏「日本医療の明日を拓く道(下)」、『社会保険旬報』第二二二〇号、二〇〇四年九月)。
(13) 健和会のホームページ(http://www.kenwa.or.jp/houjin/kenwakai.html)より「出版物案内」を参照。
(14) 三浦・増子、前掲『東大闘争から地域医療へ』より。
(15) 収益に対する利益率は、医療機関の場合には最大で五%程度といわれている。
(16) 前掲のドラッカー「マネジメントとは、トップマネジメントのことである」(『チェンジ・リーダーの条件――みずから変化をつくりだせ!』)を想起されたい。
(17) 東都保健医療福祉協議会を構成する事業体は、いずれも全日本民主医療機関連合会(民医連)に加盟している。民医連は、一九五三年からミッションとして「綱領」を掲げ活動している。民医連のホームページ(http://www.min-iren.gr.jp/search/○1syokai/koryo/koryo.html)を参照されたい。このほかにも、日赤、厚生連、済生会等や、民間では徳洲会グループ、板橋中央グループ等の多くの全国組織がミッションを掲げている。
(18) 人件費比率は、医療機関においては五〇%前後、福祉施設の場合は七〇―八〇%、また医療機関の場合、医薬品費が一五―二五%、その他の経費が二〇%前後、土地・施設・設備を対象とした減価償却費が三―五%程度、土地・施設・設備の購入資金を含む借入利息が現在三―五%程度である。
(19) 医療機関の場合、医療法にもとづき、①衛生検査、②滅菌消毒、③病院給食、④患者搬送、⑤医療機器の保守点検、⑥在宅酸素にかかわる装置と点検、⑦医療用ガスにかかわる装置と点検、⑧寝具類の洗濯、⑨院内清掃の外部委託が認められている。ほかに医療事務代行、医療廃棄物処理、医薬品・材料物流、職員被服貸与、リネンサプライ、患者食宅配、情報システム等の外部委託が実際に行われている。福祉施設等でも同様の外部委託が行われている。
(20) 二木、前掲『医療改革と病院』一〇〇ページ。

(21) 足立浩「医療施設複合化の経営的・財務的効果の研究——南カリフォルニアの『複合体』の現地調査を中心に(1)—(3)」、『病院』(医学書院)二〇〇〇年一〇月号、一一月号、二〇〇一年一月号。

(22) 高橋淑郎編著『医療経営のバランスト・スコアーカード』生産性出版、二〇〇四年。

第八章　韓国の協同組合医療・福祉の現状と可能性

――医療生協・農協の新しい挑戦――

鍋谷州春

はじめに――韓国の協同組合医療・福祉の新しい動き

一九九六年の国連発表「保健および社会ケア領域で活動する協同組合調査報告」(1)によれば、当時、世界の四三ヵ国に保健や社会ケア領域の協同組合があることがわかるが、各国の調査力に差があり組合数までは確定できていない。アジアには約二五〇組合があり、その半数は日本の医療生活協同組合（医療生協）と厚生農業協同組合連合会（厚生連）であった。韓国には医療生協は一つしかなく、農協は保健・社会ケアにかかわっていなかった。

八年後、二〇〇四年九月に筆者が訪韓したときには、医療生協は八法人・二準備会に増加しており、韓国農協中央会が「農協文化福祉財団」を発足させていた。韓国農協は二〇〇五年には、老人療養保険（内容は後述）のモデル事業に備えた農村ボランティアの育成を中長期目標として、「農村型シルバー村」モデルや農民「韓方診療センター」の設立を検討していることを明らかにした。新しい動きである。

本章では、韓国の協同組合医療・福祉の現状を報告し、その可能性を考察する。考察の基準として、日韓両国の歴史的経緯を無視した単純な量的比較は意味をもたない。歴史的経緯とは次のようなことである。二〇世紀前半に、日本で産業組合法による医療利用組合（厚生連や医療生協の前身）が生まれた。その時点から数えると、韓国の医療生協や農協福祉は四分の三世紀遅れて誕生したことになる。戦前の日本支配層は、日本と同じ産業組合法を植民地下の朝鮮に適用したのであるから、その政策がもたらした影響と両国に生まれた差との関連は無視できないのである。

ここでは「国際協同組合原則」（ICA原則）[2]を考察の一つの手がかりとしたい（ICA原則に関しては、最近、野村秀和氏が日本の厚生連研修会で紹介しているし[3]、イアン・マクファーソン氏も日本協同組合学会の講演のなかで触れている[4]）。

まず、日韓双方の歴史が意味するものを概観することから始めよう。

第一節　日韓協同組合の医療・福祉の歴史がもつ意味

1　戦前の日本の産業組合と戦後

戦前の日本で、産業組合法による医療組合事業を初めて行ったのは、一九一九（大正八）年、島根県青原村だと伝えられている[5]。当初、産業組合法には医療事業の規定はなく、医療組合は組合員の自発的意志で始まった。政府は一九二一年に富国強兵と国保代行機関を目的に第四次産業組合法改正を行い、医療事業を認めた[6]。その結果、一九四〇（昭和一五）年には全国の協同組合が経営する病院は八九、診療所は一

三七に広がった。(7)

やがて日本は太平洋戦争に突入し、産業組合や医療利用組合を戦時体制に組み込み、組合組織も戦争目的に翻弄されて戦後を迎える。

一九四七(昭和二二)年の農業協同組合法で新農協が発足した。戦後の厚生連は、戦時中に国家政策で医療利用組合が県農業会に改編され、単位農協が会員で組合員は間接参加となった組織形態を受け継いだ。一九四八年に消費生活協同組合法が成立した。日本生活協同組合連合会は一九五〇年に発足し、一九五二年にＩＣＡに加盟した。単協では、一九五一年、鳥取医療生協が誕生し、健康相談や衛生講話会を行い、のちに医療生協のモデルの一つとなる。

2　植民地下の産業組合と韓国の戦後

日本が一九一〇(明治四三)年に植民地化した朝鮮に、産業組合が順次もちこまれた。しかし同組合の役割は金融事業だけで、農民に資金を融資して農業の近代化をすすめ、安いコメを日本に供給する植民地政策そのものであった。組合は、日本の総督府に管理統制されていた。この点では、農民による協同性がわずかでも残っていた日本の産業組合とは違いがあった。

総督府は、治安対策をも考慮して、日本の救貧法をより劣悪にした内容の救貧制度を朝鮮で施行した。朝鮮の農村では、同族の相互扶助や宗教組織による互助、集落的な集団扶助が、協同組合的な役割を代替し農村生活を支えていたのである。朝鮮にもちこまれた産業組合は、一九四五年、日本の敗戦とともに解散した。(8)

表 8-1　韓国の協同組合の組織（1996年末）

区　　分	組合数	組合員（人）	職員数（人）
農　　協	1,396	2,017,258	71,286
水　　協	86	164,192	10,213
蓄　　協	193	278,587	21,305
林　　協	143	460,510	2,608
信　　協	1,671	4,711,058	12,580
セマウル金庫	2,863	5,869,147	21,001
人　参　協	13	29,750	312
葉煙草協	43	50,079	668
生　　協	77	71,000	340
中小企協	652	56,894	3,777
合　　計	7,137	13,708,590	144,090

資料：韓国協同組合協議会「第75回世界協同組合」（1997年）より作成。
出所：丸山茂樹「〈未来の創造〉にとって生協運動とは何か」，『生活協同組合研究』2003年 4 月号より抜粋。

戦後も、軍政が続いた韓国では、協同組合の公式な動きが遅れた。一九六一年創設の農協は、一九八〇年代まで人事権を政府に握られていた。生協は一九七九年に最初の単位生協が生まれ、一九八七年に消費者生活協同組合中央会を結成したが、根拠法はなかった。

一九九六年の国連発表の時点で、韓国には農協、水産協、畜産協、林業協、セマウル金庫、信用協同組合などの法律は存在していたが、生協法は一九九九年にやっと施行された。表8-1が示すように、農協、信協等と比べて生協は単協数、組合員数とも少ない状況であった。

3 小括

以上のように、日本と韓国の協同組合医療・福祉の歴史の背景には、植民地政策や軍部による支配と組合員自治の変遷について共通性とともにわずかだが相違性もみてとることができる。

日本の植民地下にあった朝鮮の産業組合は、完全に国家（総督府）支配の一環であり、下からの協同組合の成長を抑える弊害さえ生んだ。戦時下では日本の国内でも、上述したように医療利用組合の組織形態が強制的に変更された。韓国では、戦後の軍政下で組合員自治が抑制され、各種協同組合法の制定も遅れた。丸山茂樹氏は、日本を含むアジアの協同組合が国家の許認可・管理指導のもとに組み込まれた特性を指摘し、ヨーロッパ協同組合との比較で、協同組合は国家の許認可制ではなく、自主的な権利法・準則主義として制定されるべきだと提起している。(9)

第二節　韓国社会の変容と老人療養保険制度（介護保険）の準備

1　「生産的福祉」「参与福祉」へ

韓国では、軍政が一九八七年に終焉して民政となった。キム・デジュン政権（一九九八―二〇〇三年）は、韓国経済に深刻な影響を与えたアジア通貨危機（ＩＭＦ危機）対策もあって「生産的福祉」政策を打ち出した。その政策のもとで、国民に最低生活を保障する国民基礎生活保障法（二〇〇〇年施行）など、社会保障政策の一連の改革がなされた。これらは、市民団体「参与連帯」など、「三・八・六世代」（当時三〇歳代、学生時代に一九八〇年の民主化を体験した一九六〇年代生まれ）中心の市民運動と国会復権とにより、国会請願・議員立法を通じて行われた。現ノ・ムヒョン大統領のスローガンとなっている「参与福祉」は、前大統領の「生産的福祉」を拡充するものである。そのポイントは、①政策決定過程への国民参加、②地域社会のネットワークづくりにある。

2　医療制度

韓国では、地域組合、職場組合、教職員公団等に分立していた医療保険制度を、二〇〇〇年には管理の一元化を、二〇〇三年には財政も一元化した。病院の外来での自己負担は医院で三割、病院で五割、入院では総医療費の二〇%である。地域保険料の算定その他をめぐって国民・供給者・保険者間の矛盾と格差はまだ大きい。[10]

韓国の医療機関の九〇%は民間である。医療法第三条では、通常三〇床以上が病院である。診療所のような一次機能、小・中規模病院のような二次機能、高度医療を担う三次機能は実態的に分化しているが、日本のように一般病床と療養型病床のような制度的な分化はまだない。医療保険の範囲は広いとはいえず、指定看護師以外の看護師の訪問看護は診療報酬でカバーしない。他面、通常分娩にも保険が利く点は日本より進んでいる。

また、保健所やその出先である保健支所は、医療機関不足を補うため日常診療の役割をもっているため、日本の保健所と異なり、公衆衛生や予防機能の比重は低い。

表 8–2　韓国の社会状況の変容　（単位：%）

	1970年	1985年	2000年
少子化：合計特殊出生率	4.5	1.7	1.47
高齢化：65歳以上人口	3.1	4.3	7.3
核家族化：単独・1世代家族	11.0	16.5	29.7
高学歴化：大学等進学率	26.9	36.4	68.0

出典：金早雪「1MF体制と『韓国福祉国家』」,『海外社会保障研究』第146号（2000年）をもとに，鍋谷が作成した。

3　国民生活と地域格差

韓国では、都市と農村の格差が広がっている。少子化、高齢化、核家族化、高学歴化は表8－2の通りで、若年人口の都市への集中、農村の過疎化、核家族化が急速に進行している。社会の変容と福祉制度の遅れのツケは、農村と農村高齢者に負わされる形となっている。[11]

表 8-3　韓国の医療生協の概況（2004年 9 月現在）

協同組合名	地　域	事業・組織の概要			
安城《アンソン》医療生協	安城市	1994年創設	医院 2 ・韓医院	1,640世帯	職員30
仁川《インチョン》平和医療生協	仁川広域市	1996年創設	医院・韓医院	1,300世帯	職員16
安山《アンサン》医療生協	安山市	2000年創設	伝統民間医療	1,000世帯	職員 8
原州《ウォンジュ》医療生協	原州市	2002年創設	医院・韓医院	530世帯	職員 9
ソウル医療生協	ソウル特別市	2002年創設	医院	400世帯	職員 5
大田《デジョン》医療生協	大田広域市	2002年創設	医院・韓医院	500世帯	職員 9
全州《ジュンジュ》医療生協	全州市	2004年創設	医院・韓医院	450世帯	職員15
ウルサン医療生協	キリスト者組合	2004年創設	ホスピス病床 7 床		
ハムケゴルム準備会	ソウル特別市	障害者団体が母体		102世帯	
清州《チョンジュ》準備会	清州市	2002年発起人大会			

出所：日生協医療部会の資料をもとに，韓国現地での調査を加味して鍋谷が作成した。

4　高齢社会の進行と介護保険の準備

韓国の高齢化の進行はきわめて速く、国連推計では、高齢化率は二〇五〇年には二四・九％と日本に迫る勢いである。[12] 韓国では、高齢者福祉は家族によるケアが第一義的とされてきたため、公的介護制度の整備が遅れ、特に農村部ではその遅れは深刻である。高齢者の施設入所のニーズ増大に対応し一九八九年の老人福祉法改正で在宅老人福祉事業の強化が盛り込まれた。

在宅福祉サービス供給の中心となるのは、全国に約三五〇設置されている福祉館である。福祉館は国や自治体から委託を受けて一定の補助金をもとに高齢者・障害者を対象に、訪問介護やデイサービスなどを行っている民営の機関であるが、絶対数が不足している。

韓国では、二〇〇三年三月に「老人長期療養保障推進企画団」を発足させ、二〇〇四年二月には「公的療養保障体系の構築案」をとりまとめた。その調査結果をもとに、ノ・ムヒョン政権は、二〇〇七年に医療保険制度内の療養給付形態で介護給付を実施し、二〇一〇年から独立した「老人療養保険制度」（介護保険制度）の導入を目指している。韓国政府が検討中の制度案は、名称は「老人療養保険制度」とし、保険者は医療保険の保険者である国民健康保険公団が担い、被保険者は全国民を対象としつつ、受給者は四五歳以上とする案である。これらを受けて、韓国では介護保険準備の議論や医療・福祉の複合体化の動きが始まっている。二〇〇五年七月からは老人療養保険のモデル事業も開始されようとしている。

第三節　韓国の医療生協・農協福祉の概要

1　韓国の医療生協の概況

韓国の医療生協は最近一年間で二法人が新たに創設され、八医療生協と国連調査報告時の八倍となり、二つの準備会もできている。他方、一九九九年「生協法」施行に便乗して、全国で「詐欺」的健診活動でカネを集め当局の取り締まりを受ける「医療生協」や「共益」的な医療提供組織が生まれたため、医療生協の存在意義が問われるようになった。

各法人の歴史は浅い。安城《アンソン》医療生協で一〇年余、仁川《インチョン》医療生協で八年[13]、安山《アンサン》医療生協で四年、原州《ウオンジュ》医療生協以下は二年未満である。一部を除き無床の医院と東洋医学の韓方医院をもち、往診・訪問看護などの地域医療・介護と健診活動を行っている。二〇〇四年新設のウルサン医療生協はキリスト者生協で、ホスピス病床七床を開設した。八法人は全国組織「韓国医療生協連帯」を通じてアジア太平洋地域保健協同組合（ＡＰＨＣＯ）に加盟し、日本との交流が盛んである。

2　韓国の農協の新しい福祉計画

韓国の農協は、最近の農協・農村危機を国民とともに乗り越えていくために、二〇〇三年一二月一一日に「農村愛運動」を宣言した。その一環として組合員による農村の独居老人訪問活動や地域交流活動が始まった。二〇〇四年八月二日に、五〇〇〇億ウオン規模の基金造成を目標（二〇〇四年―二〇一三年の一〇年間で達成）に「農協文化福祉財団」を設立し、農村の文化福祉事業を本格的に推進していく方針を確定した。財団の設立目標は「農村文化の継承・発展と農業人の福祉増進のための事業を通じて農村地域社会の維持・発展と（中略）都市と農村間の均衡発展を図るのに貢献する」ことである。設立目標を具体化した二〇〇五年度事業計画では、老人療養保険モデル事業に備えた農村ボランティアの育成などが計画され、中長期目標として「農村型シルバー村」モデルや農民「韓方診療センター」の設立を検討する課題が掲げられた。

第四節　韓国の医療生協・農協福祉の「生成期」の実態――ヒアリング調査

1　三つの医療生協法人の事例

筆者は二〇〇四年九月に、医療生協三法人のフィールド調査を行った。三法人を調査対象とした理由は、農村、ソウル市隣接の大都市、中都市を抽出したからである。

（1）安城《アンソン》医療生協の一〇年間の発展と現状

ヒアリング対象――安城医療生協ソン・チャンホ理事長（獣医師）、キム・ボラ常任理事室長、チェ・

表 8-4　安城医療生協の医療事業所と事業内容

	安城農民医院	安城農民韓方医院	歯科医院	ウリ生協医院
スタッフ	家庭医学科専門医 2 名, 家庭看護師 2 名, リハビリ治療士 1 名, 臨床病理士 1 名, 放射線技師 1 名, 看護助務士 3 名	韓方医 3 名, 看護助務士 5 名, 調薬室1名	歯科医 1 名, 歯科衛生士 2 名, 矯正専門医 1 名（パート）	家庭医学科専門医 1 名, 家庭看護師 1 名, 看護助務士 2 名
診療科目	家庭医学科, 一般内科, 耳鼻咽喉科, 小児科, リハビリ治療, 整形外科, 皮膚科	韓方内科, 韓方小児科, 韓方婦人科, 鍼科, 韓方耳鼻咽喉科, 韓方精神科	補鉄, 補存, 歯周病, 小児歯科, 口腔外科, 矯正	家庭医学科, 一般内科, 耳鼻咽喉科, 小児科, 皮膚科
医療機器	電子内視鏡, 骨密度測定器, 放射線機, 臨床検査機器, リハビリ治療機器	脈診器, 全鍼灸リハビリ治療機器	治療台（ユニット）3 台, 放射線機器	骨密度の測定器, 放射線機
事業内容	･国の癌検診指定機関 ･健康保険公団健康診断の指定医療機関 ･一般総合健診, 職場総合健診、組合員健診 ･家庭看護事業所	・組合員の健康診断 ・組合員の往診 ・農薬解毒剤の補給 ・漢方疾患の教育事業	･健康保険公団の健康診断 ･組合員の健診 ･小児歯科疾患の相談	・子どもの健診 ・更年期の管理 ・慢性疾患者の教育および管理
設立年	1994年 5 月 1 日	1992年11月	2001年 1 月	2003年 5 月 1 日

ボンソプ事務局長

①安城医療生協の略史

安城医療生協は農民運動、キリスト者社会運動と医学生・医療専門家の運動が結合して一九九四年に韓国初の医療生協として誕生した。ソン・チャンホ理事長（獣医師）によれば、設立時は既存の権威主義的で利益追求型の病院への反発や農夫症診療や予防への要求が強かったという。協同組合形態を選んだのは農業協同組合を参考にして農民側が提案して実現した。安城は多くの農家が畜産業も兼ね、他の農村地域より所得が比較的高く、若年層の人口比も他の農村地域より高い。そのため、韓国の農村一般には普遍化できない。

②日常診療・在宅介護と経営

日常診療の一日平均患者数は農民医

院で一〇九人、韓方医院で八〇人、歯科医院一八人、一年前に住宅地に開設したウリ生協医院六〇人である。家庭看護師事業所・在宅ケア看病事業団の往診・訪問看護・介護などは月六〇回である。訪問看護は資格を有しており、医療保険収入となる。本体事業の「医療」で黒字経営を維持している。人件費率は二〇〇三年まで五五％であったが、在宅介護分野に職員の先行配置をしたため現在六〇％を超えた。

③保健・介護・まちづくり

保健活動や在宅看護・在宅介護を広げている。(i)組合員の健康診断は二〇〇三年に八〇〇人が受診した。組合員の健康カルテが充実している。(ii)保健教育。今年で八回目の保健学校を開き、一二〇人が卒業した。(iii)健康まちづくり。約一〇人が保健委員となり、健康村（日本の生協の「班」）づくり活動と、慢性疾患患者管理、保健・予防活動を行うが、専門職でない保健委員は地域に十分受け入れられない。(v)福祉用具の貸与業務。(vi)住宅改造「愛の家直し」事業。(vii)在宅ケア事業。(viii)体操クラブなどの小グループ活動などである。このうちデイケア、住宅改造、在宅ケア事業は自治体の委託事業である。

④組合員活動と組織

組合員は安城医療生協に(i)出資する（一口一万ウォン以上・日本円一〇〇〇円）。(ii)医療機関を利用する。(iii)委員会運営に参加する。前項の福祉用具の貸与や住宅改造事業は組合員のボランティア参加で成り立っている。福祉用具は地域組合員が不要用具を地域から調達する。総会代議員は一〇二人、理事一六人中理事長を含む一二人は住民組合員である。

⑤ネットワーク

地域で二次機能をもつ京幾道立（日本の県立）病院や、三次機能をもつ中央大学病院と連携し、医療生協に患者を紹介した医院に患者を戻すなど、開業医とのネットワークを重視している。安城医療生協の『ひまわり』名の広報誌、協同でつくりあげる『健康町』（二〇〇四年八月第九五号）は、老人性関節疾患、ボランティア体験などを特集した。

（2）仁川《インチョン》医療生協八年間の経緯と現状

ヒアリング対象――仁川医療生協イム・テギョン院長、キム・ソクジュン医師　ソン・ヨンソク企画室長、パク・ヤンヒ本部保健担当

①仁川医療生協の略史

仁川（広域市、人口二五〇万、空港所在市）の労働者を中心に、一九八九年、仁川《インチョン》に平和医院が設立されたが、当初は医療生協ではなかった。基督青年医療人会の会員が基金を集めて、住民の健康・労災・職業病相談・予防・治療活動を目的に設立した。一九九六年に仁川平和医療生協発起人大会で仁川平和医療生協を創立し、移管したのである。

②日常診療・介護

開院の一九九六年から患者が来院し、黒字経営となった。医師体制を二名に増やし現在一日当たり患者は一二〇人である。周囲にも医療機関が増え、独自性を出す努力が求められている。訪問看護資格を有しており保険収入となる。訪問介護、デイケアなど行政の委託事業を受けるなど地域に認知されている。仁川医療生協の人件費比率は五〇％であったが、在宅型保健・医療・福祉複合体準備への先行人員配置で六〇％になった。黒字経営である。無床医院である医療生協と地域の二次・三次機能病院とのネットワークもできている。

③保健・介護・まちづくり

健診、ヘルスプロモーション・訪問・通所介護に熱心である。日本の医療生協から学んだウォーキングプランを自主的に改造した、日本では「東海道五三次」を歩いたと想定する仮想の歩行目標を用いているが、仁川では自分のまちに置き換え『まちを歩く楽しさ』パンフレットをつくった。組合員が手分けをして各コースを歩き、カロリー、万歩計による歩数、所要時間の平均を割り出した。歩きながら地域のバリアを発見し、まちづくりに生かす工夫も取り入れた。仁川の理事長は建築業経営者で、自己の建造物を医療生協や組合員活動のために無償で貸与するなど熱心に医療生協を支えている。

仁川の市民団体「まちの連帯」に結集し、『まちづくり白書』(二〇〇三年一月)には平和医院のレポートが掲載された。ソンギョン館大学など一〇団体でつくる「行政自治府非営利民間団体支援事業・住民参画・まちデザイン運動の評価集」にも掲載された(二〇〇三年一一月)。

(3) 原州《ウォンジュ》医療生協二年間の経緯と現状

ヒアリング対象——原州医療生協キム・スンファン理事長(牧師)、バルウン漢方医師、チョ企画室長

二〇〇四年三月に原州医療生協の役員と一八人の組合員が神戸医療生協、ろっこう医療生協を見学に来日したときに、筆者はすでに彼らと懇談の機会を得ていた。今回の訪問の冒頭にキム・スンファン理事長、チョ企画室長は、理事会が筆者の取材訪問を「歓迎する」決議をしたと述べた。医院の待合室には、神戸の医療生協からの連帯の贈り物が掲示されていた。

①原州医療生協の略史

原州は韓国の生協発祥の地といわれている。原州医療生協は他の地域と違って、信用組合、購買生協な

ど市民団体代表八人のよびかけとキリスト教社会運動の支援で二〇〇二年一〇月に誕生した。地域の住民要求の比重よりも、ミッションと運動でつくられた比重が高いといえる。中都市であり医療機関の密度も高い。

②日常診療と保健・介護

開院後二年を経たが一日外来患者数は医院一五人、韓方医院一五人と伸び悩んでいる。加えて医療保険外の往診や資格を取得していない訪問看護、訪問介護（自治体の補助金がでる）等も手びろく行っているため経営は厳しく、人件費比率は九〇％と高く赤字である。組合員の出資やバザーなどで経営を維持している。

③組合員活動・地域活動

医療生協組合員は五三〇世帯七〇〇人である。医療利用委員会と組織教育委員会の二つの委員会が活動している。サークルとしてアトピー性皮ふ炎や、糖尿病予防の会やヨガの会がある。原州医療生協は、他の市民団体と共同してまちづくりに取り組んでいる。キム理事長は、他の市民セクター代表と『ウォンジュに住む楽しさ』創刊一周年号誌（二〇〇四年九月号）でまちづくりについて座談会を行った。

④原州医療生協の今後の計画

原州医療生協のプランは大きい。農村で孤立している高齢者一三〇世帯の往診や医療以外の要求にも応えるために農村地帯に医院をつくる。工場地帯で職業病・労災予防の保健・予防活動を行う。地域の八万人の各種協同組合員との協同などの計画を検討している。

（4）三法人以外の医療生協法人

安山《アンサン》医療生協は、当初、安山健康生活協同組合準備会という名称で出発したが、日本の医療生協の視察を経て現在名に変更された。上記三法人以外の概況は表8-3に示した。八医療生協中、黒字経営が五ヵ所、赤字経営が設立二年未満の三ヵ所である。

2　韓国の農協改革と農協福祉——キム、イー両氏へのヒアリング調査と農村の変化

筆者は、二〇〇四年一〇月一七日に日本協同組合学会で韓国農協調査研究所キム・ウンキュウ調査役（韓国協同組合学会会長）の報告を聞き、その後、面談した。また二〇〇五年二月に韓国農協中央会のイー・ジォンウック課長にヒアリングした。さらに韓国訪問時に、農村部の住民から農村での農協の変化を聞いた。

まず、農協中央会の議論の経過を整理する。

（1）農協改革の議論の経過

韓国社会全般の「民主化」と並行して一九八九年に農協の「民主化」が行われ、組合長は組合員に直接選挙で選ばれ、中央会会長は各農協組合長の直接選挙で選ばれる選挙制度に改革された。韓国の農協は、協同組合学会を活発化し、日本協同組合学会への参加を開始した。一九九四年の農協法改正では中央会会長資格を農民に制限するなど組合員の意思反映のルールを確立した。一九九九年、農協法改正で、農協、畜産協、人参協の中央組織を統合し、経営管理体制、経営責任を明確化した。その結果、韓国農協中央会の会員農協数は一三七七組合、事業所数は四〇〇〇ヵ所、五〇〇万人の農業者を対象とする協同事業を行うにいたった。このような農協の自己改革の上に、「新農村新農協運動」があり、その一事業として農協

福祉が始まろうとしている。

二〇〇五年度事業計画では、市群支部単位の系統農協職員および組合員、故郷主婦の集いの会員によるボランティアを育成する。専門教育（看病・ケアワーカー・幼児教育）を実施するために、一市群支部当たり二千万ウォン以内の財政支援がが決められた。このボランティアは、二〇〇五年七月から始まる老人療養保健（介護保険）モデル事業に備えたものであることが明記された。

中長期目標として「農村型シルバー村」モデル開発が掲げられた。その内容は、廃校、非居住農家の活用やシルバー農場の造成、保健所の活用、シルバー生活管理者の養成などである。

第二の中長期目標である農民（農業人）「韓方診療センター」の設立は、農夫症の治療および健康相談など農民（農業人）の健康な暮らしを守ることを目的としている。鍼と灸を主とする農夫症の治療および移動巡回診療への支援を行なう。二〇〇五年度には、一〇万人の農民（農業人）を対象に韓方診療を行う予定である。

（2）韓国の農協代表団の訪日と農協福祉視察・交流

上述した韓国農協の「文化福祉財団」は、日本の農協の医療・福祉事業視察のために、二〇〇五年二月に来日した。韓国農協中央会カン・デソン農協組合長会議議長を責任者に、全国各地の農協代表、韓国農協中央会「文化福祉財団」ホ・ヨンジュン事務局長などのほか、政府の農業政策局員やソウル女子大学ソー・ボキョン教授など総勢一四名が参加した。一行は、JA全国中央会で意見を交換したのち、群馬県甘楽富岡農協を訪問し老人福祉施設や訪問介護の現場を見学した。また長野県農協中央会と長野県厚生連を訪れ、農村の医療・福祉事業の体系を見聞した。さらに愛知県農協中央会を訪れた。視察団一行と日本福祉大学野村秀和教授および筆者は、視察ののち名古屋市で農協福祉について懇談する機会を得た。「文化福祉財団」は、日本の経験を参考としつつ、年次別方針を充実させていく計画であるという。

以下は、筆者が訪韓時にヒアリングした農村事情に詳しい安城医療生協ソン・チャンホ理事長（獣医師）などの発言である。「農協では最近『カラオケ』『太極拳』などの趣味を生かした組合員間の交流を始めた。二〇〇三年には農協と保健所の共催で、若者を対象に『保健教室』を開催して成功した。独居老人宅を組合員が訪問する助け合い活動も部分的に始まっている。昔の農協と比較すれば変化がはじまっている」。「農協は長い間、地域から遊離した組織だと感じていたが、最近はとても密着してきた」。「老親の介護は親孝行という考えはあるが、現実に核家族化が進行しており、都会の子どもが仕送りする形態で親孝行が続くだろうが、介護の社会化は進む。ただし、老子同居家族での介護の社会化の合意には時間がかかる」などの意見が出された。

農協福祉は、上からの決定によるだけでなく、農村の末端での「くらしの共助」の萌芽的な活動や介護の社会化への生活環境の変化と並行して準備されていることが示唆された。

第五節　韓国と日本の医療生協・農協福祉

1　韓国と日本の医療生協の「生成期」比較の視座

韓国の医療生協は現在が「生成期」であり、事業規模も小さい。日本の医療生協は自らの「生成期」を一九四五年の敗戦から一九六〇年までと規定し、その時期を「手さぐり状態」と呼んでいた[14]。日本の医療生協の「生成期」の状態を表わす一例を以下に示す。

のちに日本の医療生協のモデルとなった鳥取医療生協は、一九五一年に四七八人の組合員で設立された。開院日の患者数は一人で、やがて一日三〇人となった。一九五八年に三三床の「病院」となったが、その年の外来患者数は一日平均五二人であった[15]。社会状況の違いを捨象して単純化すれば、韓国の「生成期」の各指標は日本の「生成期」のそれと極端には違わない。

視点を今日に移せば、九〇年代末―二一世紀初頭に空白地域に新設された日本の医療生協法人は、青森県八戸医療生協、岐阜県西濃医療生協、静岡県北浜医療生協などである。いずれも無床診療所で、病院化の動きはない。三法人は在宅型の保健・医療・福祉複合体[16]となり、地域ネットワークを形成して住民の医療・介護要求に応えている。

「診療所から病院へ、さらに二次・三次機能をもつ大病院へ」という自己完結型のコースは、高度成長期の時代の要請であり右肩上がりの経営が実現を可能とした。この道を唯一の成長コースと固定視し、その視座からのみすべてを評価するのは普遍性を欠くと思われる。

2　日本の医療生協の概況

日本の医療生協の多くは半世紀余の歴史をもち、無床診療所から四〇〇床規模病院までを有し、ほぼ全法人で在宅型を含む保健・医療・福祉複合体化した。日本生活協同組合連合会医療部会は一九五七年に結成された。上記のほか日生協に非加盟の医療生協単協が約二〇ある。

表 8-5　日本の医療生協の概況

協同組合	地域	事業・組織の概要
119生協	40都府県	病院81　医科／歯科診療所347　介護事業所515　組合員235万人

表 8-6　日本の厚生連の概況（2003年 3 月末現在）

協同組合	地域	事業・組織の概要
40	39都道県	病院118　医科診療所63　健診C13　介護事業所180　組合員489万人

注：C＝センター

表 8-7　日本の農協の介護保険指定事業所数および助け合い組織数（2004年 4 月現在）

協同組合	訪問介護	通所介護	福祉用具貸与	居宅介護支援	助け合い組織
40	376	80	164	196	979

3　日本の厚生連の概況

三九都道県に四〇厚生連がある。一都七県に健診センターがある。事業所総数と内訳は表8－6の通りである。会員は法制度上単位農協であり、農協組合員は「間接参加」となる。病院の七〇％は人口五万人以下の市町村にあり、農村や僻地医療を支えている。

4　日本の農協の介護・福祉活動の概況

一九八五年の第一七回全国農協大会で「JA助け合い組織」が生まれた。一九九二年に「老人福祉事業」推進の農協法改定を契機に、介護保険事業参入へと進んだのである。

第六節　日本からみた韓国の医療生協・農協福祉
――協同組合原則をものさしに――

1　協同組合原則をものさしとする理由

「はじめに」で述べたように、協同組合学会や各協同組合のなかで一九九五年のＩＣＡ特別大会で決定された「協同組合とは何かの原則宣言」がクローズアップされている。この宣言起草の中心者であったイアン・マクファーソン氏は、二〇〇四年、日本協同組合学会の講演で、この宣言の意義を「われわれがどこに立っているのか、そして、どこに行きたいのか知ることをほんの少しわかりやすくしてくれる」と述べた。韓国の医療生協および農協福祉の「生成期」の特性を、この宣言のいくつかの柱をものさしとして読み解いてみたい。

2　協同組合原則を用いた検討

一九九五年に改定された協同組合原則は、①自発的で開かれた組合員制、②組合員による民主的管理、③組合員の経済的参加、④自治と自立、⑤教育、訓練および広報、⑥協同組合間共同、⑦コミュニティへの関与の七点である。このうち五点について検討する。

（1）自発的で開かれた組合員制

韓国の医療生協組合員数を、開かれた自発的組織という原則から見てみたい。日本の医療生協の一診療所＝組合員三〇〇〇人という基準から見れば、韓国の医療生協組合員数は決して多いとはいえない。

筆者は、安城医療生協のある健康村（日本の「班」）会への参加者一四人のうち、正規の組合員は三人だけであり、その理由は農村では高齢の婦人は自分で財布をもたず、意志はあっても出資できない人が多いと聞いた。経済的な条件や慣習を抜きに、登録組合員数だけで協同組合の実相を評価できないことを知った。なぜなら、韓国では経済的理由から組合員になれない人も自発的に、開かれた班会に参加しているからである。

（2）組合員による民主的管理

協同組合の「一人一票制」は株式会社の「一株一票制」に対置した原則である。安城医療生協理事会は組合員に選ばれた総会代議員一〇二人、理事一六人（一二人が住民組合員）であり、組合員による民主的管理が行われていた。調査した他の法人も同様であった。韓国の農協も組合員の直接選挙で組合長を選挙する制度に変わった。日本の総合農協も医療生協もほぼ類似の傾向である。

ただし上述のように、日本の厚生連は戦時政策の影響で組合員は「間接参加」となったが、近年の単位農協の大型合併で代議制すら困難になったことを契機に、愛知県厚生連は、厚生連病院への組合員・住民の直接参加を目的としたNPO法人を二〇〇三年に設立した。長野県上田農協と厚生連は、新設の特別養護老人ホームの運営に住民の直接参加を取り入れた。このような組合員の直接参加の取り組みは、全国の厚生連のなかではまだ少数である。

（3）自治と自立

韓国の農協が一九八〇年代後半から民主化への自己改革を積み重ね、自治と自立を確立しつつあるプロセスは貴重である。協同組合が中央・地方政府を含む他の組織と協定を結び、また外部資本を調達する場合に自立を保持するためには、前項の組合員による民主的管理との結合が重要である。

（4）協同組合間共同

まちづくりの課題ではほぼ全法人が他の市民団体との共同行動を広げている。

協同組合福祉は、制度的な医療・福祉事業と健康増進や生活助け合いなどの制度外の分野での組合員・ボランティアを包摂している。日本ではボランティアが住民立事業に発展し、住民立事業体という新たな協同事業体を生み、協同組合間共同はこの面からも広がる可能性がある。

（5）コミュニティへの関与

協同組合は組合員の組織であると同時にコミュニティ形成の役割をもつことが明確になった。野村氏は、阪神大震災復興にかかわった日本の生協の提案がこの原則の導入に寄与したと述べている(17)。仁川医療生協は健康増進のウォーキングを『まちを歩く楽しさ』に具体化し、組合員参加で歩き、歩いて気づいたことを話し合い、大学や市民団体と共同してまちづくりに反映させている。韓国の他の医療生協法人もまちづくりに熱心であった。韓国の農協も「農村地域のなかで疎外された近隣への組織的なボランティア活動を」実施し、さらに中長期目標として、上述のように「農村型シルバー村」を目標としてコミュニティづくりをめざしている。

協同組合は地域での協同と人的結合を特性としており、地域貢献活動を行いつつも最終的には利益第一主義で地域独占や地域撤退に走る営利企業とは異なっている。

3　韓国の協同組合医療・福祉の可能性と課題

上記の協同組合原則を用いた検討のなかから、筆者は韓国の協同組合医療・福祉について二つの可能性と二つの課題を抽出した。

（1）韓国の協同組合医療・福祉の二つの可能性

①「新しい生成期」の可能性

韓国の協同組合医療・福祉は創設後の歴史が浅く、規模数や主体的力量という意味では確かに「生成期」にある。しかし日本の医療生協が自らの「生成期」を「手探り状態」と呼んだ半世紀前とは異なり、韓国では当初から多面的な事業と活動を展開している。医療サービスや福祉サービスを協同して充実しあう「共益」とともに資源拡充や地域福祉などの「公益」をも目標とし、上記の国際協同組合原則にもとづく諸課題を実践している。韓国の農協も農業・信用事業に加えて文化・福祉事業を正面に掲げて実践を開始している。筆者はこれを「新しい生成期」と呼ぶ。

②韓国の住民運動のゆたかな母体から生れた特性

韓国で医療・福祉を担う協同組合の力量は、国全体ではまだ少数である。同時に、韓国の医療生協は、福祉国家形成にかかわったＮＧＯや他の協同組合など市民運動を母体として生まれ、現在も連携を強めている。この特性は、協同組合セクターにとどまらない広範な市民的な共同の形成に広がる新たな可能性を秘めていると言える。また、二〇〇万人の組合員を擁し、農村部に影響力をもつ農協が福祉分野への事業参加を開始したことは、大きな影響をもつ可能性がある。

（2）韓国の協同組合医療・福祉の二つの課題

限られた調査データの範囲からであり一面性は免れないが、筆者は、本稿を通して二つの課題を発見した。

①本体事業の医療・福祉の重視

今回の韓国でのヒアリング調査で、本体事業の医療や福祉にかける比重が不十分なまま、多面的な活動へ拡散している傾向が、一部の組織に見られた。医療や福祉は人間の生命や尊厳にかかわる事業である。日常診療や医療・福祉事業・活動に第一義的な力を注ぐべきであろう。それは医療・福祉を自己完結的に行うことを意味しない。広い医療・福祉連携を含んでいる。本体事業である医療や福祉活動で地域の信頼を得、経営を安定させ、信頼と力を土台にしてこそ多面的な活動も成功できると考える。

②日本の経験の批判的摂取と韓国の内発性

韓国の医療生協は、日本の医療生協をモデルとしている。一部に、日本の経験を一字一句違わず採用している傾向も見られた。批判的摂取が課題であろう。

逆に、筆者は韓国の内発性に着目した。たとえば、韓国では、上述したように保健所・保健支所が医療機関の代行として日常診療に追われ、保健活動が手薄となっている状況で、韓国らしい保健活動が期待されている。第二に、東洋医学の応用である。筆者も参加した日韓医学生交流会で、韓国の医学生が「韓方医学を保健・予防に応用したい」と発言した。[18] 筆者はその視点から今回の調査も行ったが、現実の東洋医学教育や医療制度との乖離が大きく、現場では実践されていなかった。しかし韓国の農協は組織として「韓方医療で農夫症の治療や健康相談を行う」計画を立てた。協同組合こそこのような試みに挑戦すべきであろう。韓国農協の計画や医学生たちの未来志向は韓国がもつ可能性の象徴に思えた。

おわりに

筆者が、韓国の協同組合医療・福祉調査を行った動機として、戦前の産業組合法（日本の農協・厚生連や医療生協の前身組織の根拠法であった）への歴史的な関心があったことは上述した。当時の朝鮮への同法施行は植民地政策そのもので、協同性や組合員自治のひとかけらもなく、不毛・暗黒の時代を押し付けたことになる。

戦後新たに生まれた韓国農協が、初めて福祉事業参入準備を開始し、医療生協は最近一〇年余で八法人が誕生し、保健・医療・福祉活動をすでに開始している。いずれも「生成期」にあり、「規模」では日本の農協・医療生協とは比べるべくもない。しかし、ＩＣＡ原則を基準に評価すれば、「新しい生成期」ともいえる豊かな可能性への挑戦が見られた。

ひるがえって、日本の協同組合医療・福祉はすでに半世紀余の歴史とそれなりの「規模」を築き上げてきた。同時に、歴史的な視点から見れば、厚生連と農協組合員の「参加」問題など半世紀余にわたる課題の顕在化（戦前の日本で、産業組合法にもとづいて生まれた組合員直接参加の医療利用組合が、国の戦時政策で県農業会に再編され、組合員は間接参加とされた影響が、半世紀後の単位農協大型合併による厚生連の運営形骸化の議論を生んでいた）(19)など、ＩＣＡ原則に照らせば、多くの前進面とともに、自己改革すべき課題も少なくない。連続する医療・福祉制度改革による厳しい経営環境のもとで、協同組合医療・福祉事業を維持・発展させる道も容易ではない。日韓両国での現れは異なるが、韓国の「新しい生成期」の挑戦に学ぶ点が多いと思われる。

なお、韓国の農協福祉はスタート台に着いたばかりで、今後の展開や介護保険事業への参入などは未知数である。注意深く見守りながら次稿での研究課題としたい。

追記

韓国でのヒアリング調査では、カン・チャンヒ氏に通訳・協力をいただいた。記して感謝申し上げる。なお、本稿に誤訳・誤記があればすべて筆者の責任である。

（1）UN, "Review of National Experience in Promoting and Supporting the Contribution of Co-operatives to Social Development: Co-operative Enterprise in the Health and Social Care Sectors: A Global Review and Proposals for Policy Coordination," 1966, pp.153-157. ホームページ http://www.copacgva.org/unpubs.htm より。

（2）「協同組合とは何かの原則宣言」は一九九五年九月、イギリスのマンチェスターで開催されたICA特別大会で、「協同組合と持続可能な人類の発展」とともに決定された。

（3）野村秀和「くらしといのちを支える農協福祉の未来（上）（下）」、『文化連情報』二〇〇三年一一月・一二月号。

（4）イアン・マクファーソン「国際協同組合運動の現段階と展望――二一世紀の新協同組合原則をふまえて」、『日本協同組合学会 第二四回大会――海外特別講演資料集』二〇〇四年。

（5）豊崎聡子「農村に医療を――秋田組合病院設立の軌跡」、『文化連情報』第三〇四号（二〇〇三年七月）、二七―三六ページ。

（6）全国厚生農業協同組合『五〇年の歩み――全国厚生連五〇年史』全厚連、二〇〇一年、一九ページ。

（7）海野金一郎『飛騨の夜明け』農山漁村文化協会、一九八〇年。

（8）丸山茂樹「〈未来の創造〉にとって生協運動とは何か」、『生活協同組合研究』二〇〇三年四月号、五一―五六ページ。

（9）同右。

（10）キム・ヨンミョン「医療保険統合の成果と争点」、『韓国の社会福祉』新幹社、二〇〇二年、六九―九五ページ。

（11）金早雪「IMF体制と『韓国福祉国家』」、『海外社会保障研究』第一四六号（二〇〇〇年）、四三―五三ページ。

（12）韓国において、東洋医学は長期間、漢方医学（漢医学）という用語で呼ばれてきたが、一九八六年の医療法改正で、法律上は韓方医学（韓医学）と正式に用語を改めた。しかし、慣習上は漢方医学という用語がまだ用いられている。

（13）国連経済社会情報・政策分析局人口部「世界人口予測――一九五〇―二〇五〇 第一分冊」、『世界人口年鑑・別巻』。

（14）日生協医療部会『医療生協の歴史と特徴』第一―第三分冊、二〇〇二年。

（15）鳥取医療生協『鳥取医療生活協同組合史 上巻・資料編』鳥取医療生協、一九九八年。

（16）二木立『保健・医療・福祉複合体――全国調査と将来予測』医学書院、一九九八年。

（17）野村、前掲論文。

（18）日生協医療部会『まちづくりは海を越えて――二〇〇三年度医療部会国際活動』リポート第五三号（二〇〇四年）。

（19）新井義雄「農協医療事業の改革・再編の方向」、『文化連情報』第二六四号（二〇〇三年）、三三ページ。農協評論家の新井義雄氏は、「産業組合時代は……病院経営は単位組合が行っていた……。これが農業会時代に町村農業会を会員とする県農業会の一事業部門となり、個人組合員の構成からはなれた。（中略）もう一度、産業組合時代の原点を見直し、医療事業の単位農協（専門農協）か、生協法による医療生協に組織再編する必要がある……、両タイプの並存、統合・合併もありうる、法制上の措置も必要ではないか」と説く。

執筆者（執筆順）

野村《のむら》秀和《ひでかず》　日本福祉大学大学院招聘教授・京都大学名誉教授（会計学・管理会計論）

足立《あだち》　浩《ひろし》　日本福祉大学福祉経営学部教授（管理会計論）

高橋《たかはし》紘一《こういち》　日本福祉大学福祉経営学部教授（社会保障論・福祉計画論）

新谷《あらや》　司《つかさ》　日本福祉大学福祉経営学部助教授（会計学）

朝倉《あさくら》美江《みえ》　金城学院大学現代文化学部助教授（2005年4月より）（社会福祉学）

橋本《はしもと》吉広《よしひろ》　地域と協同の研究センター理事・事務局長
日本福祉大学大学院情報・経営開発研究科博士後期課程

小川《おがわ》一八《かずや》　（株）城南医薬保健協働　介護ショップらくだ勤務
日本福祉大学大学院情報・経営開発研究科博士後期課程

鍋谷《なべや》州春《くにはる》　総合社会福祉研究所主任研究員
日本福祉大学大学院社会福祉学研究科博士後期課程

高齢社会の医療・福祉経営

2005年3月31日　初　版

編　者　野村秀和
装幀者　林　佳恵
発行者　桜井　香
発行所　株式会社 桜井書店
東京都文京区本郷1丁目5-17　三洋ビル16
〒113-0033
電話（03）5803-7353
Fax （03）5803-7356
http://www.sakurai-shoten.com/
印刷所　株式会社 ミツワ
製本所　誠製本株式会社

ISBN4-921190-29-1　Printed in Japan